Weihnachten 2012
von Björn.

Thomas Mann
Buddenbrooks
Berlin
S. Fischer, Verlag.

Hans Wißkirchen (Hg.)

# Die Welt der Buddenbrooks

Mit Beiträgen von
Britta Dittmann, Manfred Eickhölter
und Hans Wißkirchen

S. Fischer

*Typographie, Layout und Einband*
Farnschläder & Mahlstedt, Hamburg
*Druck und Bindung* Himmer AG, Augsburg
Printed in Germany
ISBN 978-3-10-091211-4

# Inhalt

## Hans Wißkirchen **Zu diesem Buch**

Im Sommer 1900 sitzt ein junger Autor in seinem Arbeitszimmer und gibt sich alle Mühe, ein ganz besonderes Paket zu versenden. An einen Freund schreibt er tags darauf:

»Eben habe ich mich, beim Versiegeln meines Romans, gräßlich mit Lack verbrannt. Schreiben kann ich solch Buch wohl; aber es nach Berlin zu schicken, ist eine Kunst für sich.«

Dennoch gelangt das Buch unversehrt an seinen Bestimmungsort. Der Verleger liest es und lehnt eine Veröffentlichung erst einmal ab. Er will freilich nicht zu hart mit dem Novizen aus dem Norden umgehen und schlägt eine Kürzung vor. Der junge Autor weist das selbstbewusst zurück und erreicht schließlich den zweibändigen Druck seines Erstlings.

Die Zusage des Verlegers, der ein Großer seiner Zunft war, setzt den künstlerischen Blick über die wirtschaftlichen Bedenken, ohne Letztere aus dem Blick zu verlieren. Im entscheidenden Brief aus Berlin heißt es:

»Sobald das Werk gedruckt ist, werde ich es nochmals lesen und mir alles was in dieser reichen Arbeit steckt herausholen. Ich weiß auch jetzt, dass sich der Umfang Ihres Werkes aus der ganzen Constitution der Arbeit und der Besonderheit Ihres Talents nothwendigerweise ergeben hat, wenn ich auch als Verleger von diesem ungewöhnlichen Umfang nicht gerade sehr entzückt bin. Wieviele Menschen haben in der Zeit unseres Industrialismus Zeit und Sammlung ein Werk von 70–80 Bogen [ca. 1000 Seiten] in sich aufzunehmen? [...] Nun, Sie werden ja nicht immer vierbändige Romane schreiben und so kann es wohl auch ein Verleger, der sich das Ding auch immer ein wenig geschäftlich ansehen muß, mit Ihnen schon wagen. Vielleicht beschämt mich das deutsche Volk und kauft Ihr Buch in solchen Massen, wie Ihr Werk es verdient.«

Der Verleger aus Berlin, der damals den Mut für den unbekannten Autor aufbrachte, hieß Samuel Fischer. Der Autor, an den er schrieb, war Thomas Mann. Das Buch, das er verlegte, waren *Buddenbrooks*.

Selten wohl hat ein Volk die Befürchtungen eines Verlegers so widerlegt. Der Roman ist in Massen verkauft worden, bis heute allein im deutschen Sprachraum über vier Millionen Mal. Er ist mit Übersetzungen in 40 Sprachen immer noch eines der am häufigsten übersetzten Bücher deutscher Sprache und allein in Deutschland viermal verfilmt worden. Mit einem Wort: Dieses Buch, dem man zu Beginn nicht viel zugetraut hatte, ist zu einem der ganz großen Erfolge der deutschen Literatur geworden. Und darüber hinaus gilt: Das Buch hat Thomas Mann berühmt gemacht und den Grundstein zur Popularität der ganzen Familie Mann gelegt.

Seit über einhundert Jahren ist nach den Gründen dafür geforscht und gefragt, ist über die Ursachen dieses Erfolges spekuliert und gerätselt worden. Es gibt viele Antworten, von denen keine eine Endgültigkeit beanspruchen darf. Eine Frage, die die Geister bis heute beschäftigt, hat sich jedoch als grundlegend herauskristallisiert: Wie konnte es dazu kommen, dass ein Roman, der sich auf die Schilderung einer Familiengeschichte beschränkt, dessen Handlung zudem die Grenzen einer mittelgroßen Handelsstadt an der Ostsee kaum überschreitet, eine solche Repräsentativität, eine solche Weltgeltung erlangte?

Das vorliegende Buch geht dieser Frage auf den Grund, indem es bei den Wurzeln des Romans beginnt. Es geht zurück an die Anfänge, es schildert die Welt der *Buddenbrooks* aus der Stadt heraus, der der Roman seine Entstehung verdankt. Es fragt nach der Bedeutung, die Lübeck für Thomas Mann, für seinen nobelpreisgekrönten Erstling gehabt hat. Auch damit kann man natürlich das Rätsel nicht gänzlich lösen, aber im Archiv des Heinrich-und-Thomas-Mann-Zentrums im Buddenbrookhaus sind in den vergangenen Jahren so viele neue Bilder, Fotos, Dokumente und Erkenntnisse gesammelt worden, dass es uns an der Zeit schien, sie einer breiten Öffentlichkeit zu präsentieren, um damit einen Blick auf *Buddenbrooks* zu werfen, der so noch nicht getan worden ist. Unsere Hoffnung ist, des Rätsels Lösung damit ein Stück näher zu kommen.

Vier Geschichten sind es, die wir dazu auf den folgenden Seiten erzählen wollen.

Die erste Geschichte zeigt, wie die Auseinandersetzung mit der Herkunft, mit Lübeck Thomas Mann zum Autor macht. Das erste Kapitel zeichnet daher die Jahre von der Geburt im Jahre 1875 bis zur Heirat mit

Katia Pringsheim im Jahre 1905 als den Weg zum Ruhm nach. Thomas Mann wird in diesen Jahren über seinen Roman *Buddenbrooks* zu einem repräsentativen Autor der Deutschen. Indem er in Rom und München seine Herkunft, seine Familie und seine Stadt in einem Roman zu einem großen Kunstwerk verknüpft, emanzipiert er sich, wird er zum Künstler. In dieser einführenden Geschichte wird auch erzählt, warum man mit der realistischen Abbildung der Wirklichkeit bei Thomas Mann so vorsichtig umgehen muss. Denn man sieht zunächst immer nur die Oberfläche, darunter aber tun sich weitere Welten auf.

Im zweiten und dritten Kapitel zeigt Manfred Eickhölter auf, wie die Stadt und der Roman miteinander verwoben sind. Die Bilder der Stadt, die in bisher noch nie gezeigten Ansichten aus dem Bildarchiv der Lübecker Museen in großer Zahl präsentiert werden, bilden dabei die Wirklichkeitsfolie, vor der sich der Buddenbrook-Roman entfalten und entwickeln kann. Als entscheidende Pointe erweist sich dabei, dass Thomas Mann sein Lübeck-Bild um 1850 gleichsam einfriert. Was heißt das? Während der Roman das Lübeck von 1835 bis etwa 1850 ziemlich genau nachzeichnet, tut er das für die Zeit nach 1850 nicht mehr. Während die Stadt sich in der Realität seit den 1850er Jahren erst zögerlich, aber dann durchaus mit Tempo modernisiert und Anschluss an die rasante Entwicklung des Deutschen Reiches findet, blendet Thomas Mann diesen Prozess in den *Buddenbrooks* weitgehend aus. Sein Lübeck ist alt, eng, verwinkelt und gotisch. Es ist ein literarisches Lübeck, das sich in seinem Werk immer wieder findet und noch in der Kunststadt Kaisersaschern des *Doktor Faustus* sehr stark durchscheint. Wenn man nach den Gründen dafür sucht, dann fällt eines sofort auf: Um 1850 gab es in Lübeck durchgreifende Verfassungsreformen. Unter anderem wurde die seit dem 12. Jahrhundert dominierende Stellung der Fernhandelskaufleute, des »gemenen koopman«, die seit Hansezeiten die Stadt regiert und dominiert hatten, relativiert. Damit hatte Lübeck zwar einen entscheidenden Modernisierungsschritt vollzogen, war aber auch auf dem Weg, sich zu einer ganz »normalen« Stadt zu entwickeln. Das wollte Thomas Mann nicht so recht wahrnehmen. Sein Bild der Stadt war bei aller Kritik und Ironie untrennbar mit der Vorstellung verbunden, dass dieser Ort etwas Besonderes und Einzigartiges war. Und dass der Vater als Senator aus der Riege der Fernhandelskaufleute stammte, die in einer großen Tradition standen – das hatte für ihn zeitlebens eine entscheidende Bedeutung. Darauf gründete er große Teile seines bürgerlichen Selbstbewusstseins. Sehr deutlich kommt dies in einem Brief zum Ausdruck, den er im Januar 1904 nach einem Streit an den Bruder Heinrich schreibt:

»Du weißt nicht, wie hoch ich Dich stelle, weißt nicht, daß, wenn ich auf Dich schimpfe, ich es doch immer nur unter der stillschweigenden Voraussetzung thue, daß neben Dir so leicht nichts Anderes in Betracht kommt! Es ist ein altes Lübecker Senatorssohnsvorurtheil von mir, ein hochmüthiger Hanseateninstinkt, *mit dem ich mich, glaub' ich, schon manchmal komisch gemacht habe, daß im Vergleich mit uns eigentlich alles Übrige minderwerthig ist.*«

Britta Dittmann erzählt im vierten Kapitel die Geschichte des Buddenbrookhauses. Sie ist aus zweierlei Gründen erzählenswert: Zum einen gibt es in der Weltliteratur kein Buch, das über den zentralen Handlungsort so eng mit einem Haus verbunden ist wie *Buddenbrooks*. Die Geschichte des Hauses mit all seinen Besonderheiten aber auch Skurrilitäten trägt daher zum Verständnis des Romans bei – auch und besonders zum Verständnis seiner Wirkungsgeschichte. So ist es kein Zufall, sondern der Macht der Literatur geschuldet, dass die Nationalsozialisten ab 1933 versuchten, den im Volksmund eingebürgerten Namen »Buddenbrookhaus« für das Haus in der Mengstraße 4 zu eliminieren. Sie blieben erfolglos. Zum Zweiten ist das Haus heute zu einem symbolischen Ort geworden, der als Heinrich-und-Thomas-Mann-Zentrum in Ausstellungen, Veranstaltungen und wissenschaftlicher Forschung die Familie Mann den Interessierten aus aller Welt näher bringt. Auch darüber wird erzählt. Ergänzt wird die Geschichte des Hauses durch Bilder, Dokumente und Materialien aus dem Archiv, das wir für die Leser geöffnet haben.

Bleibt die Wirkungsgeschichte des Romans, bei der kein Ende abzusehen ist. Den aktuellen Stand erläutert Britta Dittmann im fünften und letzten Kapitel des Buches. Vorgestellt werden – mit Hilfe umfangreichen Bildmaterials – die Verfilmungen, die Theaterstücke, die Übersetzungen und auch die Besonderheiten der Wirkung, etwa ein *Buddenbrook*-Comic. Und es wird ein Blick auf die aktuelle Literatur geworfen, die national und international den Familienroman wiederentdeckt hat – ein Thema, das ohne einen Bezug zu *Buddenbrooks* nicht denkbar, nicht gestaltbar ist.

Der Stoff bringt es mit sich, dass wir diese Geschichte auf zweierlei Art erzählen können. Auf der Ebene des Textes kann man den spannenden Geschichten um das Buch und die Stadt, um *Buddenbrooks* und Lübeck folgen. Aber parallel dazu wird noch eine zweite, visuelle Geschichte erzählt, die über Fotos, Bilder, Dokumente und andere bildhafte Elemente den Leser auf eine ganz andere Art anspricht.

Beide Geschichten ergänzen sich, sie können jede für sich »gelesen« werden und entfalten doch ihren ganzen Zauber erst in der gemeinsamen Lektüre.

Selbstporträt von Heinrich Mann (1871–1950). Bleistiftzeichnung, 1905

Thomas Mann an seinen Bruder Heinrich Mann. Brief vom 18. Februar 1905

Hans Wißkirchen

# *Buddenbrooks* – Die Stadt, der Autor und das Buch

## Das schöne Ende

Am 18. Februar 1905 hatte Thomas Mann es geschafft. Er hatte Katia Pringsheim geheiratet, man war auf der Hochzeitsreise, und das Paar logierte standesgemäß im Hôtel Baur au Lac am Zürichsee, einem der führenden Häuser in Europa.

Aus dem Sohn des Lübecker Finanzsenators Thomas Johann Heinrich Mann, nach dessen Tod im Jahre 1891 die Firma Mann verkauft werden musste und dessen Söhne mit einer kleinen Rente versehen ihren Weg zu machen versuchten, war ein erfolgreicher und berühmter Schriftsteller geworden, der zudem in eine reiche Familie, in die besten Münchner Kreise eingeheiratet hatte.

Hedwig Pringsheim (1855–1942) und Prof. Alfred Pringsheim (1850–1941), Thomas Manns Schwiegereltern

Katia Pringsheim (1883–1980) im Alter von 9 Jahren. Franz von Lenbach (1836–1904), Öl auf Pappe, 1892

Eine solche Lebenszäsur lässt auch einen erst 30-Jährigen Rückblick halten. Das geschieht in einem Brief an den Bruder Heinrich Mann:

»Kannst Du Dir denken, daß Du einem weinenden Elternpaar die Tochter vom Herzen reißt und sie als Dein Weib ins Weite entführst? Ich habe es mir, weiß Gott, auch nicht denken können. Und alles Das ist doch eigentlich noch immer die Folge davon, daß wir uns damals in Palestrina eine Art Gipper-Roman ausdachten, der ursprünglich das schöne Lied ›Der Onibus fährt *durch* die Stadt‹ als Leitmotiv haben sollte. Und schließlich sollte es der Onibus sein, der Biermann ins Gefängnis fährt. Aber nun ist es wahrhaftig dahin gekommen, daß ich von einem ›Roman meines Lebens‹ sprechen kann, wie ich es in Lübeck, nach der Vorlesung, bei Tische that, als ich mit ganz aufrichtig bewegter Stimme sagte: ›Einige von Ihnen wissen, daß ich an einem bedeutsamen Wendepunkte meines äußeren und menschlichen Lebens stehe. Bis Berlin hat mich das Mädchen begleitet, das eingewilligt hat, meine Frau zu sein, und ein ganz neues Kapitel in dem Roman meines Lebens soll beginnen, ein Kapitel, das in schönem Rausch concipirt ward und das nun mit Liebe, Kunst und Treue aufgebaut sein will ...‹«

Hugo Weinschenk. P. Rosié, Buchillustration, 1974

Was hier in einem eher lockeren Plauderton daherkommt, ist eine ganz entscheidende Äußerung, die in das Zentrum des Buddenbrook-Romans, ja der frühen Kunst Thomas Manns führt.

Was steht im Mittelpunkt dieser Äußerung? Es ist die Stadt, es ist Lübeck. Und es ist der Roman *Buddenbrooks,* der diese Stadt zum Thema hat. Durch diese Stadt fährt ein Onibus, ein Gefährt, das die Brüder in ihrer gemeinsamen Zeit in Rom, als Thomas Mann an seinem Werk arbeitete, erfunden hatten. »Gippern« meint eine Art Privatcode, den die Brüder benutzten, wenn sie ihrem ironischen Spott allzu freien Lauf ließen. Der Onibus fährt mit einem angeheirateten Mitglied der Buddenbrookfamilie, der als sozial deklassierter Aufsteiger nun ins Gefängnis muss, weil er ein äußerst zweifelhaftes Versicherungsgeschäft gewagt hat.

Warum denkt Thomas Mann im Moment des größten Erfolges ausgerechnet an diese Episode aus seinem Buddenbrook-Roman? Eine Episode, die beileibe nicht im Zentrum steht, sondern von einer der zahlreichen Nebenfiguren, vom Versicherungsdirektor Hugo Weinschenk handelt? Man hätte sich andere, passendere Anknüpfungen denken können: Etwa die Heirat von Thomas Bud-

Thomas Manns Eltern: Julia Mann geb. da Silva Bruhns (1851–1923) und Thomas Johann Heinrich Mann (1840–1891)

denbrook mit Gerda Arnoldsen aus reichem Amsterdamer Hause. Ganz Lübeck sieht hier eine glänzende Partie – Thomas und die Firma sind auf dem Höhepunkt ihrer Machtentwicklung.

Warum also erzählt Thomas Mann seinem Bruder diese Geschichte vom Rande der Gesellschaft im Angesicht seiner Hochzeit, seiner Etablierung zum »gemachten« Mann? Warum, so kann man zusammenfassen, dieser Kontrast von Glanz und Deklassierung?

Die Antwort erhalten wir, wenn wir einen Blick zurück auf die Anfänge des Schriftstellers Thomas Mann werfen. Denn indem er diesen Roman über seine Heimat schreibt, sich in der Literatur mit der Heimat auseinandersetzt, ohne allerdings einen Heimatroman zu schreiben, wird er zum Autor, entwickelt er seine Art des Schreibens. Schauen wir also auf den jungen Thomas Mann.

Julia da Silva Bruhns, Thomas Manns Mutter

Thomas Johann Heinrich Mann, Thomas Manns Vater, mit seinem Sohn Thomas, um 1876

## Jugend in Lübeck

Thomas Mann wurde am 6. Juni 1875 als zweiter Sohn von Thomas Johann Heinrich Mann und Julia Mann da Silva Bruhns geboren. Der Vater war einer der großen Geschäftsleute in Lübeck und wurde 1877 zum Senator für Wirtschaft gewählt. Später kam noch das Finanzressort hinzu. Ohne Übertreibung kann man festhalten: Er war nach dem Bürgermeister der mächtigste Politiker in Lübeck. Und das sollte etwas heißen. Denn bis 1937 war Lübeck ein eigenständiger Staat, und die Position des Vaters kam daher der eines Landesministers gleich. Politik wurde freilich von zu Hause gemacht. Damit entstand für den jungen Thomas Mann schon ganz früh eine spezielle Verbindung des Öffentlichen und Privaten, wie sie bezeichnend für die Mentalität in Lübeck war.

Die Mutter stammte aus Brasilien und war eine für Lübeck sehr ungewöhnliche Erscheinung. Sie blieb zeitlebens etwas Besonderes, eigentlich immer eine Fremde in der Stadt. Ganz folgerichtig verließ sie nach dem frühen Tod ihres Mannes Lübeck dann auch in Richtung München. Thomas Mann hat später

Audienzsaal im Rathaus zu Lübeck. Hier fanden die Senatssitzungen statt, an denen ab 1877 Thomas Manns Vater regelmäßig teilnahm.

Die Börse im Rathaus zu Lübeck, ca. 1863/1867

immer wieder betont, dass sie es war, die die Kinder an die Literatur und Musik herangeführt hat.

Lübeck hatte seit 1871 nicht so sehr von der Reichsgründung profitiert wie andere Gegenden Deutschlands. Zwar gab es einen wirtschaftlichen Aufschwung, aber der war nicht mit dem in den großen Städten vergleichbar. Thomas Mann sprach etwas zugespitzt vom »Weltwinkel«, in dem er groß geworden sei. Lübeck war von den drei großen und freien Hansestädten die kleinste. Bremen und besonders Hamburg hatten ihr den Rang abgelaufen. Gegenüber dem hohen Mittelalter und der Frühen Neuzeit, als Lübeck das Haupt der Hanse war und dann erst Hamburg und die anderen Hansestädte folgten, hatten sich die Verhältnisse umgekehrt.

Aber etwas war geblieben. Etwas, das für den Buddenbrook-Roman von fundamentaler Bedeutung war. Lübeck war zwar klein, aber ein kompletter Staat mit allen erforderlichen Institutionen: Mit einem Parlament, Bürgerschaft genannt, einer Regierung, hier Senat tituliert, einer Börse, Gerichten und was sonst noch dazugehörte – wichtig war vor allem das Theater mit seiner Oper. Für Thomas Mann bedeutete dies, dass er auf kleinstem Raum eine ganze Welt vor sich hatte.

Thomas Manns Sicht auf die Wirklichkeit der Stadt war eine ganz spezielle. Man verkehrte im Kreise der herrschenden Familien und war von den sozia-

Thomas Mann mit seiner Schulklasse vor dem Katharineum. Thomas Mann sitzt in der ersten Reihe unten links, um 1890

len Problemen der Stadt weitgehend abgeschottet. Zwar kannte Thomas Mann die Welt der einfachen Leute, aber nicht in bedrängender oder gar irritierender Weise, wie es bei einer Jugend in Berlin in dieser Zeit der Fall hätte sein können, sondern es waren die Arbeiter des Vaters, die die Schiffe beluden und in den Speichern tätig waren, deren Welt ihm vertraut war. Hier herrschte noch ein patriarchalisches Verhältnis zwischen dem Herren und seinen Mitarbeitern. Spuren davon finden sich vielfältig in *Buddenbrooks*. Es gab noch mehr heile Welt im Lübeck Thomas Manns als andernorts zu dieser Zeit.

Das alles prädestiniert niemanden zum Schriftsteller, und so musste noch etwas hinzukommen. Es ist die Tatsache, dass sich Thomas Mann in dieser überschaubaren Welt der wohlhabenden Bürgerlichkeit nicht recht wohl fühlte. Mehr noch: Er machte nicht recht mit. Er war ein schlechter Schüler und machte keinerlei Anstalten, sich für die Firma zu interessieren.

Thomas Mann war anders und spürte das schon früh. Dieses Außenseitertum hat er später Hanno Buddenbrook, der vierten und letzten Generation der Familie Buddenbrook, künstlerisch beigegeben. Diese Untauglichkeit, sich den

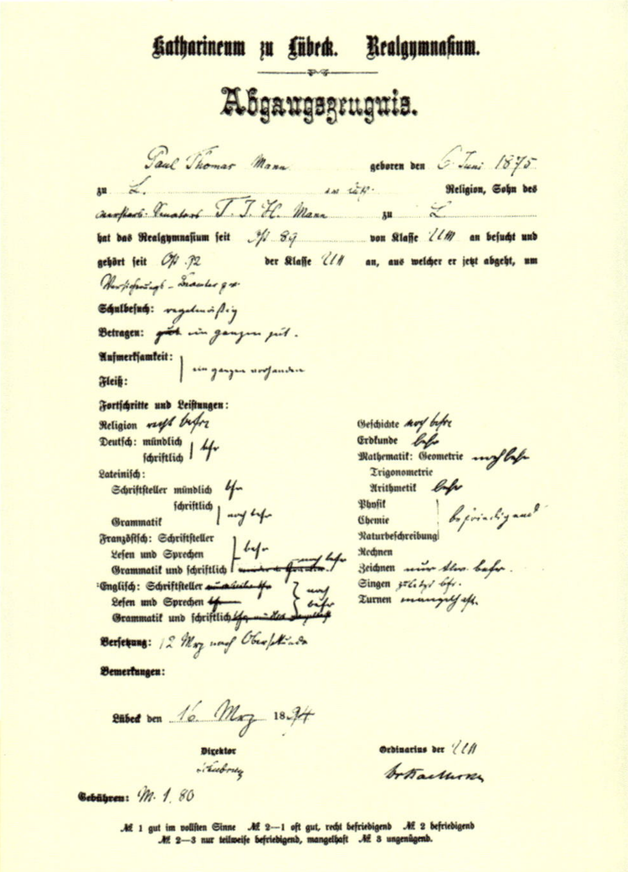

**Katharineum zu Lübeck. Realgymnasium.**

**Abgangszeugnis.**

Paul Thomas Mann geboren den 6. Juni 1875

zu L. Religion, Sohn des

T. J. H. Mann zu L.

hat das Realgymnasium seit Ost. 89 von Klasse UIII an besucht und

gehört seit Ost. 92 der Klasse UII an, aus welcher er jetzt abgeht, um

Schulbesuch: regelmäßig

Betragen: im ganzen gut.

Aufmerksamkeit:

Fleiß:

Fortschritte und Leistungen:

Religion nicht befr.

Deutsch: mündlich, schriftlich 4.

Lateinisch:

Schriftsteller mündlich 4.

schriftlich

Grammatik nicht befr.

Französisch: Schriftsteller

Lesen und Sprechen

Grammatik und schriftlich

Englisch: Schriftsteller

Lesen und Sprechen

Grammatik und schriftlich

Geschichte nicht befr.

Erdkunde befr.

Mathematik: Geometrie nicht befr.

Trigonometrie

Arithmetik befr.

Physik

Chemie

Naturbeschreibung

Rechnen

Zeichnen

Singen

Turnen mangelhaft.

Versetzung:

Bemerkungen:

Lübeck den 16. März 1894

Direktor

Ordinarius der UII

Gebühren: M. 1. 80

№ 1 gut im vollsten Sinne № 2—1 oft gut, recht befriedigend № 2 befriedigend № 2—3 nur teilweise befriedigend, mangelhaft № 3 ungenügend.

Abgangszeugnis Thomas Manns vom 16. März 1894. Er war mit 18 Jahren in die 11. Klasse versetzt worden und hatte damit einen Realschulabschluss erhalten.

bürgerlichen Normen zu fügen, basierte nicht auf einer politisch motivierten Protesthaltung – nein, sie gründete auf einer Lebenshaltung, die er einige Jahre nach dem Erscheinen von *Buddenbrooks* mit prägnanter Ironie folgendermaßen geschildert hat: »Ich habe eine dunkle und schimpfliche Vergangenheit, so daß es mir außerordentlich peinlich ist, vor Ihrem Publikum davon zu sprechen. Erstens bin ich ein verkommener Gymnasiast. Nicht daß ich durchs Abiturientenexamen gefallen wäre, – es wäre Aufschneiderei, wollte ich das behaupten. Sondern ich bin überhaupt nicht bis Prima gelangt; ich war schon in Sekunda so alt wie der Westerwald. Faul, verstockt und voll liederlichen Hohns über das Ganze, verhaßt bei den Lehrern der altehrwürdigen Anstalt, ausgezeichneten Männern, die mir – mit vollem Recht, in voller Übereinstimmung mit aller Erfahrung, aller Wahrscheinlichkeit – den sicheren Untergang prophezeiten, und höchstens bei einigen Mitschülern auf Grund irgendeiner schwer bestimmbaren

Das Katharineum. Thomas Mann besuchte die Schule von 1889–1894.

Überlegenheit in ungewissem Ansehen: so saß ich die Jahre ab, bis man mir [...] den Berechtigungsschein zum einjährigen Militärdienst ausstellte.«

Hier findet sich sein zentrales Lebensproblem der frühen Jahre in Lübeck geschildert: Er war ein Außenseiter, er genügte nicht den bürgerlichen Normen und Leistungsansprüchen und konnte sich nur auf eine »schwer bestimmbare Überlegenheit« berufen. Mit einem Wort: Er wusste noch nicht, worauf er das »Anderssein« gründen sollte.

## Angst vor der Bajazzoexistenz

Für den jungen Autor, der ja schon vor den *Buddenbrooks* erste Erzählungen und Novellen schrieb, hatte das Konsequenzen. Terence James Reed hat es auf den Punkt gebracht, wenn er sagt: »Bei Thomas Mann spitzte sich das Problem zu, weil er beweisen wollte, dass er wirklich ein Schriftsteller und kein bloßer Dilettant sei.«

Damit war die Aufgabe umschrieben, die dem jungen Thomas Mann gestellt war, nachdem er 1894 nach München übergesiedelt war und mit dem Schreiben

Thomas Mann im Gartenrestaurant des Münchner Hofbräuhauses

begonnen hatte. Er hat sie 1905, als er schon ein etablierter Autor war, in einer Randnotiz im *Werther*-Kapitel einer Goethe-Biographie zugespitzt formuliert: »Um ein todverfallenes, lebensunfähiges Menschenwesen zu schildern, braucht ein Dichter nur sich selbst zu geben – unter Weglassung der schöpferischen Gabe.« Es ist die Rolle des Dilettanten, die hier geschildert wird. Oder mit anderen Worten: Es ist die Problematik eines Menschen, der sich den bürgerlichen Regularien nicht fügen kann und will, weil er ganz sicher weiß, dass er anders ist, der aber diese Außenseiterrolle nicht produktiv machen kann, sondern nur in einem immer jämmerlicher werdenden Leben vor sich hin vegetieren kann. Genau davor hatte Thomas Mann Angst. Von daher ist der Begriff des Dilettanten bei Thomas Mann auch immer mit der Angst verbunden, den anderen nicht beweisen zu können, dass er etwas Besonderes ist. Wer aber nur Außenseiter blieb, dem drohte die soziale Deklassierung.

Es ist dieses Lebensthema, das in Lübeck seinen Ursprung hat. Ganz spät, in seinem letzten Roman, hat Thomas Mann diese Form des Dilettantismus

Der kleine Felix Krull wird von den Kurgästen gefeiert. Buchillustration von O. Laske, 1922

grandios beschrieben. Der junge Felix Krull liebt die Musik im Kurbad Langenschwalbach. Wie im Travemünde der *Buddenbrooks* ist es der kleine, zigeunerähnliche Kapellmeister, der im Roman von 1954 die autobiographischen Bezüge herstellt.

»Stundenlang kauerte ich auf den Stufen des zierlichen Kunsttempels. [...] Namentlich das Geigenspiel hatte es mir angetan, und zu Hause, im Hotel, ergötzte ich mich und die Meinen damit, daß ich mit Hilfe zweier Stöcke, eines kurzen und eines längeren, das Gebaren des ersten Violinisten aufs getreueste nachzuahmen suchte.« So heißt es im *Krull*-Roman, und Thomas Mann zitiert hier eigene Erfahrungen aus der Jugend in Lübeck, in Travemünde. In einem Brief an Adolf Havlik vom 29.9.1949 heißt es: »Ich selbst bin, mit meiner ganzen Muskulatur, dem Rhythmischen zugänglich wie Einer, – wenn ich auch als Kind

Buchumschlag der Erstausgabe der »Bekenntnisse des Hochstaplers Felix Krull« aus dem Jahre 1954. Thomas Manns letzter Roman blieb unvollendet. Es erschien nur »Der Memoiren erster Teil«. Der Roman enthält stark autobiographische Elemente und wurde ein letzter großer Erfolg für Thomas Mann. Er arbeitete an dem Buch mit großen Unterbrechungen von 1905 bis fast zu seinem Tod im Jahre 1955.

von dem Travemünder Musik-Tempel nicht den Takt schlug, sondern auf zwei Stöcken die Violine spielte, – mit so wunderbarem rechten Handgelenk, daß alle riefen, ich müsse ›Stunde‹ haben. Die bekam ich auch, aber es wurde dann so gut wie nichts daraus.«

Das heißt im Klartext: Thomas Mann konnte einen Musiker, einen exzellenten Violonisten spielen – aber Geige spielen konnte er nicht. Literarisch radikalisiert hat er das in seinem *Felix Krull*-Roman, denn dort zeigt sich Vater Krull so begeistert, dass er beschließt, eine auf den grandiosen schauspielerischen Fähigkeiten seines Sohnes basierende Komödie aufzuführen. Eine Violine wird billig erstanden, der Kapellmeister eingeweiht und der »Bogen sorgfältig mit Vaseline bestrichen«, auf dass kein Ton zu hören ist. Der Junge tut so, als ob er spielt. Das Publikum hält ihn für ein Wunderkind und bricht in tosenden Beifall aus. Das alles ist nur Fassade. Man tut so, als sei man etwas Besonderes, ohne es schon zu sein. Dieses Lebensgefühl ist zentral für den jungen Thomas Mann in Lübeck und auch in den ersten Münchner Jahren.

Seine frühen literarischen Texte sind stark autobiographisch gefärbt, und sie haben alle Helden zum Thema, die am Leben leiden und daran zugrunde gehen. Ganz wichtig dabei: Lübeck gibt fast immer die Wirklichkeit, in der die Figuren

Thomas Manns Eltern, um 1885

Die Geschwister Mann. Von links nach rechts: Heinrich (1871–1950), Thomas (1875–1955), Carla (1881–1910) und Julia (1877–1927), um 1885

dieser Geschichten handeln, leben, kämpfen und leiden. Und für alle Geschichten gilt: Es gibt kein »Happy end« für die Helden. Oft steht der Tod am Ende.

Beispielhaft verdichtet findet sich das in der Geschichte *Der Bajazzo*, die in ihrer ersten Fassung 1895 fertiggestellt war und 1897 erstmals gedruckt erschien. Es ist eine Familiengeschichte, wie sie später auch in *Buddenbrooks* beschrieben wird. Viele identische Motive finden sich versammelt. Die überschaubare, gotisch verwinkelte Stadt, die Lübeck zum Vorbild hat, die Götterfiguren im elterlichen Haus, die aus dem großmütterlichen Buddenbrookhaus übernommen sind; es gibt den frühen Tod des Vaters, und es gibt den Verkauf der Firma und die lebenslängliche Rente, wie sie der junge Thomas Mann verzehrte. Aber es gibt keine Perspektive. Der Bajazzo, der Held der Geschichte, verliert seine bezwingende Liebenswürdigkeit, die ihn vor der Welt ausgezeichnet, die ihn zu etwas Besonderem gemacht hatte, weil er nichts hat, nichts kann, das diese Haltung gegenüber »den Leuten« auf Dauer legitimiert. Er dilettiert ein wenig auf dem Klavier und liest viele und gute Bücher, was aber nur dazu führt, dass »ein unfruchtbares Chaos von halben Gedanken und Phantasiebildern« entsteht. Er hat nur die Attribute eines Künstlers, ohne einer zu sein. Von daher verliert sich der »unklare Respekt« der Leute vor seiner Existenz in dem Maße, in dem er

Mit diesem Selbstporträt in der Erstausgabe von »Der kleine Herr Friedemann« (1898) widmete Thomas Mann sein erstes Buch dem Bruder Heinrich.

unglücklicher und unsicherer wird. Am Ende will er sterben und weiß doch, dass er eine so radikale Tat nicht über sich bringen wird, sondern »weiter leben, weiter essen, schlafen und mich ein wenig beschäftigen werde«.

*Der Bajazzo* ist keine wirklich gute Geschichte. Die Erfahrungen der Jugendzeit in Lübeck werden hier noch nicht zu großer Literatur. Der Text ist so stark von der Attitüde der Lebensbewältigung, der Selbsttherapie geprägt, dass kein rechtes Lesevergnügen aufkommen will. Thomas Mann hatte noch nicht den Weg gefunden, seine Probleme literaturfähig zu machen.

## Durchbruch zum Autor

Das geschieht mit seiner Geschichte *Der kleine Herr Friedemann*. Die kleine Novelle, die ebenfalls 1897 erschienen ist, kann man ohne Übertreibung als Geburtsstunde des Autors Thomas Mann bezeichnen. Er habe mit dieser Geschichte »plötzlich die diskreten Formen und Masken« gefunden, um unter die Leute zu gehen. Auch diese Geschichte hat Lübeck zum Wirklichkeitsraum.

Otto Grautoff (1876–1937). Der Schulkamerad war von 1894 bis 1900 Thomas Manns vertrautester Briefpartner. Er wurde Schriftsteller und Kunsthistoriker. Sein Buch »Exzentrische Liebes- und Künstlergeschichten« aus dem Jahre 1907 ist Thomas Mann gewidmet. Der Held, Hans Pahlen, trägt Züge von Thomas Mann.

Mittelschiff des Lübecker Doms nach Osten mit Blick auf den Chor und das Triumphkreuz von Bernd Notke, vor 1942

Die fundamentale Wirkung auf sein Leben, sein Künstlertum beschreibt Thomas Mann in einem Brief vom 21. 7. 1897 an den Lübecker Freund Otto Grautoff folgendermaßen: »Seit einiger Zeit ist es mir, als hätte ich die Ellenbogen frei bekommen, als hätte ich Mittel und Wege gefunden, mich auszusprechen, auszudrücken, mich künstlerisch auszuleben, und während ich früher eines Tagebuchs bedurfte, um, nur fürs Kämmerlein, mich zu erleichtern, finde ich jetzt *novellistische*, öffentlichkeitsfähige Formen und Masken, um meine Liebe, meinen Haß, mein Mitleid, meine Verachtung, meinen Stolz, meinen Hohn und meine Anklagen – von mir zu geben … Das begann glaube ich, mit dem ›Kleinen Herrn Friedemann‹.«

Dass die Gefühle, dass sowohl die Liebe als auch der Hass – man müsste wahrscheinlich in einer Wortzusammenführung von einer Hassliebe sprechen – auch und gerade Lübeck zum Gegenstand haben, macht der nächste Brief an den Freund aus der Hansestadt deutlich, in dem es kurz nach dem oben zitierten fundamentalen Bekenntnis heißt:

»Ich bin Dir aufrichtig dankbar für die Zusendung der unterschiedlichen ›Lübeckischen Anzeigen‹, die mich von Anfang bis zu Ende interessiert haben. Ich ersehe daraus mit Freude und Erstaunen, in welchem Grade Lübeck sich herausmacht ... ich traue meinen Augen nicht! Im Wilhelm-Theater spielt man ›Klein Eyolf‹, wenn auch wohl ein bischen schwach. In der Domkirche giebt man Liszt- und Wagnerkonzerte, wenn auch wohl ein bischen schlecht. Und Herr Ferdinand Grautoff schreibt hochpolitische Aufsätze, – wenn auch wohl leider ein bischen langweilig.«

So gewappnet schreibt Thomas Mann zwischen 1897 und dem August 1900 seinen ersten Roman *Buddenbrooks*. Es wird eine lange Geschichte. Viel länger als erwartet. Eigentlich hatte Thomas Mann nur 250 Seiten schreiben wollen. Aber die Geschichte wuchs sich aus – sie wollte mehr Raum. So erscheint der Roman schließlich in zwei Bänden im Oktober 1901 ein gutes Jahr nach seiner Fertigstellung im August 1900, denn der Verleger S. Fischer braucht beinahe ein Jahr, bis er sich zu der Entscheidung durchringt, einen so umfangreichen Roman eines unbekannten Autors zu drucken.

Um was für eine Geschichte handelt es sich? Zuerst einmal muss man in aller Deutlichkeit sagen, dass die Hassliebe gegenüber der Heimat, wie sie etwa im Brief an den Freund Grautoff deutlich geworden ist, ein wesentlicher Antrieb zum Schreiben gewesen ist. Wir stehen heute diesem Buch in einer ehrfürchtigen Haltung gegenüber, weil es ein Welterfolg geworden, weil es in über vierzig Sprachen übersetzt worden ist und den Ruhm Thomas Manns und auch des deutschen Romans in der Welt begründet hat und weiter erhält. Doch damit verfehlt man den ursprünglichen Schreibgestus Thomas Manns. Der Roman stellt die Auseinandersetzung mit Lübeck, mit der Familie, der Heimat dar. Ohne das gegenüber Heinrich Mann zum Ausdruck gebrachte »Gippern« – ohne die freche Auseinandersetzung mit der Herkunft, wäre das Buch nicht denkbar. Das alles war notwendig, die Grundlage dafür, dass Thomas Mann zu dem Schriftsteller werden konnte, der er heute ist. Darüber erzählt dieses Buch. Wenn man sich mit Lübeck und der Welt der *Buddenbrooks* beschäftigt, dann ist das auch die Geschichte von der »Herausbildung« des weltberühmten Autors Thomas Mann.

Was wird im Roman erzählt?

Erstausgabe der *Buddenbrooks* von 1901. Diese Ausgabe erschien in zwei Bänden in einer Auflagenhöhe von 1000 Exemplaren. Es dauerte fast zwei Jahre, bis die gesamte Auflage verkauft war. Seinen bis heute andauernden Siegeszug begann der Roman erst 1903, als eine preisgünstige Volks-Ausgabe in einem Band erschien. Schon 1910 wurde dann eine Jubiläumsausgabe anlässlich 50 000 verkaufter Exemplare gedruckt.

## *Buddenbrooks* – Die Romangeschichte

Erzählt wird über vier Generationen hinweg die Geschichte der Familie Buddenbrook, die in wesentlichen Zügen der eigenen Familiengeschichte der Manns nachgebildet ist. Allerdings findet eine zeitliche Verschiebung und Verdichtung der Handlung statt. Sie reicht von 1835, als mit einem großen Festessen der Einzug in das neue Haus in der Mengstraße 4 (heute Sitz des Heinrich-und-Thomas-Mann-Zentrums) gefeiert wird, bis zum Tod des kleinen Hanno Buddenbrook im Jahr 1877.

Die erste Generation, repräsentiert durch den Urgroßvater Johann Buddenbrook als Zeitgenossen des alten Goethe, wird noch vom ganzheitlichen Lebensstil der in sich ruhenden bürgerlichen Familie geprägt. Für den Sohn, Konsul Johann Buddenbrook, gelten diese überlieferten Prinzipien der bürgerlichen Lebensführung weiterhin, sie verlieren hier, in der zweiten Generation, jedoch ihren selbstverständlichen Status. Die ungebrochene Lebensbejahung wird von einem angestrengten Berufsethos abgelöst.

Die nächste, dritte Generation, genannt seien Thomas, Christian und Antonie, weist auf die immer stärker dominierende Verfallsgeschichte voraus. Chris-

Die junge Tony und ihr Großvater.
P. Rosié, Buchillustration, 1974

Der alte Johann Buddenbrook. S. O. Sørensen, Buchillustration, 1953

Jean Buddenbrook
und die Familien-
papiere. P. Rosié,
Buchillustration, 1974

Tony und ihr zweiter Mann Permaneder.
P. Rosié, Buchillustration, 1974

Tony Buddenbrook (Liselotte Pulver) und Bendix Grünlich (Robert Graf). Szenenfoto aus der *Buddenbrooks*-Verfilmung von 1959

Christian, Tony und Thomas Buddenbrook.
Szenenfoto aus der Fernseh-Verfilmung von 1979

Gerda (Nadja Tiller) und Thomas Buddenbrook (Hansjörg Felmy) beim Hochzeitsessen. Szenenfoto aus der *Buddenbrooks*-Verfilmung von 1959

Christian Buddenbrook.
P. Rosié, Buchillustration, 1974

tian, schon als Kind mit leicht neurotischen Zügen ausgestattet, führt später ein Leben als Bummelant in Lübeck. Er ist unfähig zu regelmäßiger Arbeit, seine Versuche einer Existenzgründung in Hamburg, London, Südamerika und schließlich in der Familienfirma scheitern allesamt. Er lebt sein Leben als tragischer Clown, der sich den bürgerlichen Normen nicht anpasst, aber dadurch in der Lage ist, das nur Wohlanständige und Dünkelhafte zu kritisieren.

Eine besondere Funktion hat Antonie, genannt Tony, Buddenbrook. Sie bildet mit ihrem unerschütterlichen Optimismus und ihrer lebenslangen Naivität eine zentrale erzählerische Klammer für den Roman. Mit ihr beginnt und endet das Buch. Ihr Stolz auf die Familientradition und ihre Freude am Leben sind weder durch die Ehe mit dem Betrüger Bendix Grünlich noch durch die 2. Heirat mit dem Münchner Alois Permaneder zu erschüttern. Auch als ihre Tochter Erika mit ihrem Mann Hugo Weinschenk ebenfalls Schiffbruch erleidet, bleibt sie in ihren Anschauungen fest. Lebensstabilisierendes Element ist die kurze, durch die Familienräson beendete Liebe zu Morten Schwarzkopf, dem Sohn des Travemünder Lotsenkapitäns.

Thomas Buddenbrook ist der Einzige in der dritten Generation, der in der

Ein nachdenklicher Thomas Buddenbrook. P. Rosié, Buchillustration, 1974

Hermann Hagenström. P. Rosié, Buchillustration, 1974

Lage ist, das Erbe zu übernehmen und fortzuführen. Er heiratet Gerda Arnoldsen, die Tochter eines reichen Geschäftspartners aus Amsterdam und führt ein großes Haus in der Stadt. Allerdings geschieht dies nur noch unter Anspannung aller Kräfte und mit einer enormen Selbstbeherrschung. Thomas Mann hat angesichts dieser literarischen Figur von einem »Leistungsethiker« gesprochen, der sich immer wieder zur Leistung zwingen muss, die ihm eben nicht mehr selbstverständlich ist. Unter der Ägide von Thomas Buddenbrook, der als Erster der Familie in einer dramatisch geschilderten Wahlauseinandersetzung gegen den Hauptkonkurrenten Hermann Hagenström zum Senator gewählt wird, erlebt die Firma einen Aufschwung, und das Ansehen der Familie in der Stadt erreicht seinen Höhepunkt.

Damit ist aber der Wendepunkt des Romangeschehens erreicht, denn es handelt sich nicht mehr um eine selbstbewusst gelebte Wirklichkeit, sondern nur noch um eine Rolle, die Thomas Buddenbrook spielt. Er wird dann auch folgerichtig im Roman als »Schauspieler« bezeichnet. Dieses falsche und eigentlich ungewollte Leben zehrt seine Kräfte auf – und dann bleibt auch der geschäftliche Erfolg aus. Der Konkurrent Hagenström überflügelt die Firma Buddenbrook,

Der kleine Hanno Buddenbrook und sein Vater.
Skizze von Robert Herlth für die Verfilmung von 1959

und der Versuch, mit modernen kapitalistischen Geschäftspraktiken die Firma wieder auf die Höhe der Zeit zu führen, scheitert tragisch. Das vor der Ernte billig gekaufte Getreide wird durch einen Hageleinschlag vollkommen zerstört und bringt der Firma nicht Gewinn und neue Macht, sondern großen Verlust.

In seiner zweiten Hälfte wird der Roman immer weniger eine an den äußeren Ereignissen orientierte Familienchronik. Es dominiert jetzt der Verfall, der mit einem Blick in das Innere der Figuren, in ihre seelischen Befindlichkeiten, einhergeht. Sinnfällige Gestalt gewinnt diese Blickänderung von außen nach innen etwa in der Schopenhauer-Lektüre von Thomas Buddenbrook. Im Garten-Pavillon seines neuen Hauses in der Beckergrube findet er Schopenhauers Hauptwerk *Die Welt als Wille und Vorstellung*, und in einem besinnungslosen Lesemarathon begreift er das berühmte Kapitel »Vom Tod und der Unzerstörbarkeit unseres Wesens« als Verweis auf die eigene, dem banalen Leben entfremdete Existenz. Sein bald darauf folgender Tod auf dem schmutzigen Straßenpflaster in der Mengstraße nach einer harmlosen Zahnoperation ist das grandiose Sinnbild für das Ende eines nur noch in äußerem Schein gelebten Lebens eines Gescheiterten.

Ihre radikale Zuspitzung erfährt die Verfallsgeschichte in der vierten Generation – beim Spätling Hanno. Hier ist die Lebensuntüchtigkeit auf dem Gip-

Hanno und Ida nehmen Abschied von Travemünde. P. Rosié, Buchillustration, 1974

Hanno am Klavier. S. O. Sørensen, Buchillustration, 1953

fel angekommen. Hanno wird von seinem Vater in die Speicher mitgenommen und an das Kaufmannsleben herangeführt – vergeblich, denn dies ist nicht seine Welt. In der Schule leidet er unter dem preußischen Gymnasialzwang, und allein in der Musik und in den Ferien an der Ostsee in Travemünde findet er Schutz und Zuflucht, kommt er zu sich selbst. Hanno stirbt fünfzehnjährig an Typhus. Sein Tod wird nicht direkt erzählt, sondern im berühmten 3. Kapitel des 11. Romanteils dem Leser durch eine auf dem Lexikoneintrag des Brockhauses basierende Darstellung der Krankheit vermittelt. Hanno ist als Typus des Künstlers gezeichnet, der mit den Bürgern seiner Heimatstadt Lübeck wenig gemein hat. Hier muss erwähnt werden, dass Thomas Mann den Städtenamen Lübeck im Roman nicht ein einziges Mal benutzt. Ansonsten allerdings ist sein Werk von einer extremen Realitätstreue geprägt. Alle Straßennamen sind korrekt, und auch die Bauwerke werden exakt verortet beschrieben und benannt.

Als Künstler hat Hanno sicherlich etwas mit Thomas Mann, seinem literarischen Schöpfer, gemein. Allerdings nur in Teilen, denn er ist künstlerisch ein Dilettant, der es nie zu einem großen Musiker gebracht hätte. Sein Klavierspiel etwa gelangt über eine kindlich-naive Wagner-Imitation nicht hinaus. Zu einer eigenständigen musikalischen Leistung ist er nicht fähig. Aber Hanno steht

Hermann Hagenström (Wolfgang Wahl) besichtigt das Buddenbrookhaus, um es zu kaufen. Szenenfoto aus der *Buddenbrooks*-Verfilmung von 1959

am Ende des Romans nicht alleine. Von Bedeutung ist sein starker und wilder Freund Kai Graf von Mölln. Aus verarmtem Adel stammend, ist er ebenfalls ein Außenseiter, der aber von einer unbändigen Lebensenergie geprägt ist. In ihm ist ein Bild der Zukunft gestaltet. Bei ihm finden sich zarte Anklänge vom Dichter, der sich über die bedrückende Wirklichkeit erheben kann.

Am Ende stirbt die Familie Buddenbrook aus. Die Firma und das Wohnhaus in der Fischergrube werden verkauft. Ein besonderes Zeichen für den Niedergang der Familie ist die Tatsache, dass es Hermann Hagenström ist, seit Romanbeginn der Konkurrent Thomas Buddenbrooks, der das Firmenhaus in der Mengstraße 4 kauft, umbaut und modernisiert. Gerda Buddenbrook, die immer eine Fremde in der Stadt geblieben ist und deren Ehe mit Thomas Buddenbrook gegen Ende zunehmend unglücklicher geworden war, geht zurück zu ihrer Familie nach Amsterdam.

Einzig Tony Buddenbrook bleibt in »ihrer Stadt«. Wie sie das erste Wort des Romans hat, so hat sie auch das fast letzte, wenn sie am Ende der Geschichte über die vier Generationen der Buddenbrooks zurückblickt: »Hanno, kleiner Hanno, ... Tom, Vater, Großvater und die Anderen alle! Wo sind sie hin? Man sieht sie nicht mehr. Ach, es ist so hart und traurig!«

Thomas Mann, 1900

Heinrich Mann, um 1903

## Das Leben mit dem Erfolg

Mit dem Abschluss des Romans war Thomas Mann ein anderer Mensch geworden. Heinrich Mann hat das später mit einer sehr richtigen Übertreibung auf den Begriff gebracht, wenn er sagt, dass er seinen Bruder nach dem Erfolg der *Buddenbrooks* nie mehr am Leben habe leiden sehen. Das ist so nicht ganz richtig. Aber das Leiden hatte jetzt eine klare Begrenzung, nahm nicht mehr die gefährlichen Ausmaße der frühen Jugend an. Diese Grenze war die Kunst, war das nun nicht mehr zu erschütternde Bewusstsein, den unaufhaltsamen Weg zum großen Schriftsteller eingeschlagen zu haben, von dem ihn auch Rückschläge nicht mehr abbringen würden.

Als großes Kunstwerk sicherte der Roman Thomas Mann gegen das Leben ab. Seine Besonderheit hatte nun einen Grund. Je größer der Ruhm in den kommenden Jahren wurde, umso mehr wurden alle seine »Sonderlichkeiten« legitimiert – als notwendige Voraussetzungen einer großen Künstlerkarriere. Und noch etwas geschieht: Thomas Mann beginnt den *Buddenbrooks* neue und tiefere Bedeutungen zuzuschreiben, die über die kritische Auseinandersetzung mit der Heimat Lübeck hinausreichen.

Dem Bruder Heinrich gesteht er am 25.3.1901, dass der Lektor des S. Fischer Verlages zu Recht von den grotesken und satirischen Zügen des Romans gesprochen habe – dass damit aber nicht der Kern seiner Kunstanstrengung benannt sei. »Auf Größe war nämlich während der Arbeit fortwährend mein heimlicher und schmerzlicher Ehrgeiz gerichtet. Mit dem quantitativen ins Kraut Schießen des Buches wuchs beständig mein Respekt davor, sodaß ich einen immer höheren Stil von mir verlangte. Es ist gut, daß es so bescheiden anhebt und sich zum Schluß durchaus nicht als irgend ein Roman sondern als etwas ganz Anderes und vielleicht gar nicht Häufiges entpuppt. Manchmal habe ich direkt Herzklopfen bei diesem Gedanken. Hoffentlich folgt kein Kater.«

Diese Befürchtung war nicht ganz grundlos, denn die Absicherung durch die große Kunst hatte ihren Preis. Sie entfernte ihn vom Leben. Anders formuliert: Ein Problem war gelöst und damit ein neues aufgetaucht. Wie sollte er umgehen mit dem Ruhm, mit der neuen Rolle, die ihm zuwuchs, mit der Tatsache, dass die Naivität des Anfangenden dahin sein musste und nun die Lebensbewältigung des immer berühmter Werdenden einzusetzen hatte?

Zuerst einmal musste Thomas Mann seinen gefeierten Roman mit seiner Herkunft zusammenbringen. Er leidet darunter, dass der Roman von vielen Lübeckern nur als Abrechnung mit der Heimat verstanden wird. An Martha Hartmann schreibt er am 23.4.1903 nach Lübeck:

»Die Nachricht, daß es auch in meiner Vaterstadt Leute giebt, die mein Leben und Streben nicht ganz verächtlich finden, ist mir lieb und werthvoll. Eine Stadt, über die man ein elfhundert Seiten starkes Buch schreibt, kann einem ja nicht so ganz gleichgültig sein. Ich wollte, die Lübecker bedächten dies einmal. Wie ich meinerseits zu ihnen, zu meiner Heimath und Herkunft stehe, habe ich in einer Novelle auszudrücken versucht, die unter dem Titel ›Tonio Kröger‹ in der Neuen deutschen Rundschau erschienen ist und auch in den Band ›Tristan‹ aufgenommen wurde. Ich wollte, man läse sie in Lübeck. Man würde sich dann vielleicht ein minder abscheuliches Bild von mir machen als bisher.

Übrigens habe ich Sinn für Humor genug, um die Anekdote von dem Herrn mit der Liste wunderhübsch zu finden. Ich höre zuweilen dergleichen. Neulich soll ein Lübecker auf eine Frage nach meinem Verbleib wörtlich erwidert haben: ›Ach, nach Dem ist auch nichts gekommen, Der is auch man so in München.‹ – ›*Man so*‹ ist doch unbezahlbar! Ich bin Artist genug, die Vollkommenheit in jeder Form würdigen zu können. Auch die Dummheit ist schön, wenn sie vollkommen ist.«

Ida Boy-Ed (1852–1928). Die Lübecker Schriftstellerin setzte sich seit Beginn des 20. Jahrhunderts für Thomas Mann in Lübeck ein und war auch dafür verantwortlich, dass er früh zu Lesungen eingeladen wurde. Thomas Mann war mehrmals in ihrer Wohnung im Lübecker Burgtor zu Gast.

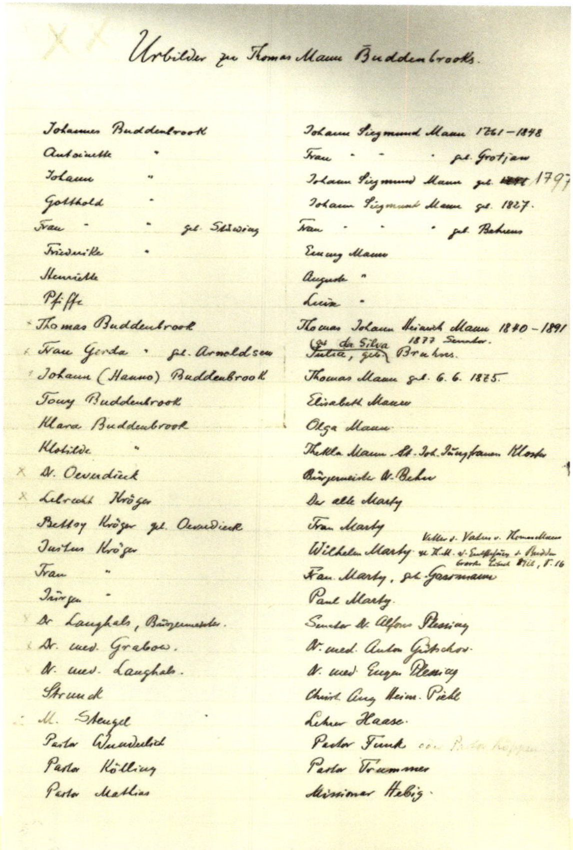

Urbilder zu Thomas Mann Buddenbrooks.

| | |
|---|---|
| Johannes Buddenbrook | Johann Siegmund Mann 1761–1848 |
| Antoinette " | Frau " " " geb. Grotjan |
| Johann " | Johann Siegmund Mann geb. 1797 |
| Gotthold " | Johann Siegmund Mann geb. 1827. |
| Frau " " geb. Stüwing | Frau " " " geb. Behrens |
| Friederike " | Emmy Mann |
| Henriette | Auguste " |
| Pfiffi | Luise " |
| Thomas Buddenbrook | Thomas Johann Heinrich Mann 1840–1891 1877 Senator. |
| Frau Gerda " geb. Arnoldsen | Julia, geb. da Silva Bruhns. |
| Johann (Hanno) Buddenbrook | Thomas Mann geb. 6. 6. 1875. |
| Tony Buddenbrook | Elisabeth Mann |
| Klara Buddenbrook | Olga Mann |
| Klothilde " | Thekla Mann St. Joh. Jungfrauen Kloster |
| Dr. Oeverdieck | Bürgermeister Dr. Behn |
| Lebrecht Kröger | Der alte Marty |
| Bethsy Kröger geb. Oeverdieck | Frau Marty |
| Justus Kröger | Wilhelm Marty |
| Frau " | Frau Marty, geb. Gaarmann |
| Jürgen " | Paul Marty |
| Dr. Langhals, Bürgermeister. | Senator Dr. Alfons Plessing |
| Dr. med. Grabow. | Dr. med. Anton Gütschow. |
| Dr. med. Langhals. | Dr. med. Eugen Plessing |
| Strunck | Christ. Aug. Heinr. Piehl |
| M. Stengel | Lehrer Haase. |
| Pastor Wunderlich | Pastor Funck oder Pastor Köppen |
| Pastor Kölling | Pastor Trummer |
| Pastor Mathias | Missionar Hebig. |

Eine der Schlüssellisten zu *Buddenbrooks*

Hier zeigt sich zum einen der kritische Blick auf die Heimat, der in der geschilderten Episode sich zu geradezu vernichtender Ironie aufschwingt. Aber zugleich wird deutlich, wie wichtig für Thomas Mann die Kritik an den *Buddenbrooks* aus Lübeck war. Natürlich lag ihm an der seriösen Literaturkritik viel, weil er nur darüber zu einem Autor, einem anerkannten Schriftsteller werden konnte, aber der Roman war von seiner Entstehung her so fest in Lübeck verwurzelt, dass die Reaktionen aus der Heimat eine ganz besondere Rolle einnahmen. Der Lübecker Schriftstellerin Ida Boy-Ed gegenüber äußert er sich über die kritischen Stimmen von dort so: »Wollen Sie einen kühnen Vergleich? Napoleon hat gesagt, daß nach jeder That, jeder Schlacht, jedem Siege sein erster Gedanke gewesen sei: was wird das Faubourg St. Germain dazu sagen? Lübeck ist mein Faubourg St. Germain. Immer denke ich: Was wird Lübeck dazu sagen?«

Wenn Thomas Mann den »Herrn mit der Liste« aufs Korn nimmt, dann reflektiert er damit ein ganz besonderes Phänomen der Romanwirkung in Lübeck. Gerade weil Thomas Mann seine Figuren nach Vorbildern aus der Familie sowie dem Verwandten- und Bekanntenkreis gezeichnet hatte, wurde es zu einer Art Gesellschaftsspiel in Lübeck, Listen aufzustellen. Sie zeigen auf der linken Spalte die Romanfiguren, auf der rechten Seite die angenommenen Vorbilder in der Wirklichkeit. Die Tatsache, dass es verschiedene Listen mit unterschiedlichen Zuordnungen gab, macht die Komplexheit, aber auch die Faszination dieser Lesart deutlich. Bei aller Kritik, die man vonseiten der literaturwissenschaftlichen Forschung gegen diese Art des Lesens hat – sie stellt einen nicht unwesentlichen Teil des Erfolges von *Buddenbrooks* dar.

Aber Lübeck tritt langsam immer mehr in den Hintergrund. Mit den *Buddenbrooks*, so kann man überspitzt formulieren, hat die Stadt ihre zentrale Lebensaufgabe für Thomas Mann getan. Sie hatte ihn zu dem gemacht, der er immer sein wollte. Eine Lebensaufgabe, die freilich nie ein endgültiges Ende nimmt. Die Stadt und der Roman, der aus ihr hervorgewachsen ist, hatten ihn zum großen Autor gemacht. Und damit war eine Rolle definiert, die von nun an auszufüllen war. Der unbekannte Anfänger, der seinen ersten Roman schrieb, der ihn unsterblich machen sollte, hatte nun seinen Weg zu machen. Diese Rolle war von nun an zu spielen, und sie war mit vielen Schwierigkeiten, mit neuen Problemen verbunden.

Definiert worden war diese Rolle in einer der zahlreichen Kritiken zum Roman. Die frühe Kritik war nicht durchgängig positiv, das gilt es festzuhalten, aber die wesentlichen Stimmen erkannten früh schon den genialen Wurf, so etwa Rainer Maria Rilke, der dem Lübecker Autor attestiert, dass er als Dichter von Rang seine »Gestalten mit überzeugendem Leben, mit Wärme und Wesenheit« erfüllt habe. Die Krone freilich setzte Samuel Lublinski sich auf, der das Buch als Meisterwerk lobte und am Schluss seiner Kritik über den Roman prophezeite:

»Er wird wachsen mit der Zeit und noch von vielen Generationen gelesen werden: eines jener Kunstwerke, die wirklich über den Tag und das Zeitalter erhaben sind, die nicht im Sturm mit sich fortreißen aber mit sanfter Ueberredung allmälig und unwiderstehlich überwältigen.«

Thomas Mann war dem jüdischen Kritiker Lublinski, der früh verstarb, lebenslang dankbar für diese Aussage, und sie machte seinen Weg entscheidend leichter, auch und gerade weil sie sich so vollkommen erfüllte. Sie machte es freilich nicht nur leicht. Denn *Buddenbrooks* waren als frühes Ruhmesstück auch eine Last, die von nun an als ein zu überbietendes Meisterstück alles Schreiben

Rainer Maria Rilke, 1900

Thomas Mann liest aus dem *Buddenbrooks*-Manuskript

beschwerte. So äußert Thomas Mann etwa im Jahre 1949 das Folgende über den Erstlingsroman: »Ich sinne darüber, ob es nicht dies Buch sein mag unter all den meinen, dem bestimmt ist, zu bleiben. Vielleicht war damit meine ›Sendung‹ erfüllt und es war nur noch mein Teil, ein nachfolgendes langes Leben leidlich würdig und interessant zu erfüllen.«

Unmittelbar nach der Fertigstellung des Romans und unter dem Eindruck der ersten Ruhmeszeichen hatte Thomas Mann freilich andere Sorgen. Die fasst er in einem Brief an Richard Schaukal vom 19.6.1903 zusammen.

»Ich bin entsetzlich träge, entsetzlich müde und schlaff und werde immer häufiger von der schrecklichen Furcht befallen, fertig und am Ende zu sein oder mich mindestens innerlich auf einem ganz falschen Weg zu befinden. Dies letztere ist mir nur zu gewiß. Die Harmlosigkeit, die heitere Künstler-Dégagirtheit, mit der ich, trotz aller Qual, Verdüsterung und Einsamkeit, meine ›Buddenbrooks‹ schrieb, ich habe sie nicht mehr. Die Kunst ist mir keine Sache des Spieltriebes mehr, sie ist mir beinahe schon eine sittliche Demonstration. Ich bin leidenschaftlich, verstrickt in Liebe und Haß, ehrgeizig, bewußt, kriegerisch-theoretisch, gegensätzlich, eifersüchtig, – ich, der ich weiß, daß Leidenschaft der Produktivität noch weit gefährlicher, als Bewußtheit, daß man still, gleichgültig und lustig sein muß, um zu schaffen!«

Thomas Mann an seinem Schreibtisch in München, 1906

## Die Ehe als Lebensmacht

Es zeichnet Thomas Mann aus, dass er nach dieser vollkommen angemessenen Selbstanalyse nicht in ein weinerliches Selbstmitleid verfiel, sondern eine klare Handlungsstrategie entwickelte. Hier zeigt sich erstmals ein Muster, das von nun an sein Leben entscheidend prägen sollte. Thomas Mann ist von Beginn seiner Karriere an ein sehr moderner Autor. Er weiß, dass man den Leuten ein bestimmtes Bild von sich geben muss. Das hatte nichts mit reinen Äußerlichkeiten zu tun, sondern diente der Stabilisierung des Ich, verhalf dazu, die Kluft zwischen Leben und Kunst zu schließen. Das Bürgerliche, die Familie, die geordneten und reichen Verhältnisse eines akzeptierten Lebenswandels, das Umfeld der Repräsentation – das alles musste nun geschaffen werden, um den Gegensatz von Kunst und Leben, Außenseitertum und gesellschaftlicher Anerkennung in Einklang zu bringen. Thomas Mann erkannte sehr früh, dass die Lebensform des freien Schriftstellers eine sehr labile Lebensform war, die Stütze und Halt benötigte. Freilich – und hier war der Brief an Schaukal eine stille, aber stete Mahnung –, das Verbürgerlichen durfte nicht die literarische Phantasie tangieren, die geordneten Lebensverhältnisse durften die Kunst nicht erdrücken. Das war

Katia Mann, 1905

schwierig, aber mit Katia Pringsheim fand Thomas Mann genau die Frau, die beides zusammenfügen konnte. Das hatte er ganz früh und ganz schnell gespürt, und das monatelange Werben um die begehrte Frau dreht sich immer wieder um diesen zentralen Punkt. Auf das Schönste zusammengefasst in einem Anfang Juni 1904 verfassten Liebesbrief:

»Sie wissen, daß ich mich, persönlich, menschlich, nicht gleich anderen jungen Leuten habe entwickeln können, daß ein (Talent) als Vampyr: blutsaugend, absorbirend wirken kann; Sie wissen, welch kaltes, verarmtes, rein darstellerisches, rein repräsentatives Dasein ich Jahre lang geführt habe; wissen, daß ich mich Jahre, *wichtige* Jahre lang als Menschen für nichts geachtet und nur als Künstler (Fürst) habe in Betracht kommen wollen ... Sie begreifen auch, daß dies kein leichtes, kein lustiges Leben sein und selbst bei starker Antheilnahme der Außenwelt kein gelassenes und keckes Selbstvertrauen zeitigen kann. Eine Heilung von dem Repräsentativ-Künstlichen, das mir anhaftet, von dem Mangel an harmlosem Vertrauen in mein persönlich-menschliches Theil ist mir durch Eines möglich: durch das Glück; durch *Sie*, meine kluge, süße, gütige, geliebte kleine Koenigin! .... Was ich von Ihnen erbitte, erhoffe, ersehne, ist Vertrauen, ist

»Kinderkarneval« von Friedrich August Kaulbach (1850–1920), Öl auf Leinwand, 1888. Das Gemälde zeigt die Kinder der Familie Pringsheim in Pierrotkostümen. Das Bild wurde in Zeitungen und Zeitschriften deutschlandweit verbreitet. Der 15-jährige Thomas Mann riss das Bild aus einer Zeitschrift aus und hängte es über seinen Schreibtisch. Was er damals nicht wusste: Das kleine Mädchen links war Katia Pringsheim, seine zukünftige Frau.

das zweifellose Zumirhalten selbst einer Welt, *selbst mirselbst* gegenüber, ist etwas wie Glaube, kurz – ist *Liebe* .... Diese Bitte und Sehnsucht .... Seien Sie meine Bejahung, meine Rechtfertigung, meine Vollendung, meine Erlöserin, meine – Frau!«

Das Leben als Künstler, es soll, es muss weitergeführt werden mit all seinen Schwierigkeiten und Absonderlichkeiten, die aber für das Werk notwendig und durch das Werk legitimiert sind. Und geheilt werden soll das durch die Liebe, das Vertrauen, die all diese Absonderlichkeiten mit dem Leben, der Familie, der Welt verbindet. Geheilt werden soll es durch die Heirat mit Katia Pringsheim. Man kann noch heute nachempfinden, dass die junge Frau vor der Aufgabe, die Thomas Mann ihr ziemlich egoistisch aufbürdete, lange zurückschreckte und viele Monate bis zum Jawort benötigte.

Bei seiner Werbung kommt Thomas Mann etwas zugute, das er gegenüber dem Bruder »ein gewisses fürstliches Talent zum Repräsentiren« nennt. So kann nur jemand reden, der daran arbeitet, den künstlerischen mit dem gesellschaftlichen Erfolg in Einklang zu bringen. Sinnfällig wurde das für Thomas

Arcisstraße 12 in München, Wohnhaus der Familie Pringsheim

Blick in das Innere der Pringsheim-Villa

Mann, und daraus erklärt sich die obige Äußerung, mit der Einladung zum großen Herbstball bei den Pringsheims als nun bekannter Schriftsteller. Der Brief fährt fort: »Zum ersten Mal seit den 18 Auflagen war ich in großer Gesellschaft und hatte in der anstrengendsten Weise zu repräsentiren. Leute gingen um mich herum, beguckten mich, ließen sich mir vorstellen, horchten auf das, was ich sagte. Ich glaube, ich habe mich nicht übel gehalten.« Thomas Mann wird immer selbstbewusster und fasst es in ein Märchenbild von Hans Christian Andersen: »Klumpe-Dumpe fiel die Treppe hinunter und erhielt dennoch eine Prinzessin zur Frau. Und ich bin, Brust heraus, ich bin mehr, denn Klumpe-Dumpe!« Und so kam es dann auch. Die Familie Pringsheim und auch Katia willigten ein. Die Hochzeit fand am 11. Februar 1905 statt.

Wir sind damit wieder am Anfang unserer Geschichte, in Zürich, auf der Hochzeitsreise. Im schon zitierten Brief an Heinrich Mann vom 18.2.1905 bringt er seinen Weg zur Ehe und den Romanerfolg der *Buddenbrooks* auf eine sehr private Art und Weise zusammen, indem er zitiert, was er als Einleitung zu seiner Lesung in Lübeck 1904 gesagt hatte: »›[…] Bis Berlin hat mich das Mädchen begleitet, das eingewilligt hat, meine Frau zu sein, und ein ganz neues Kapitel in dem Roman meines Lebens soll beginnen, ein Kapitel, das in schönem Rausch concipirt ward und das nun mit Liebe, Kunst und Treue aufgebaut sein will …‹ Und der Onibus ist nun am Ende derjenige des Hôtels Baur au lac, wo ich zur Zeit mit Katja auf größtem Fuße lebe […]«

Auch hier, im äußersten Glanz, gibt es weiterhin den »Onibus«, der auf das Spöttische, das Außenseitertum, das Unbürgerliche seiner Existenz verweist. Das konnte und wollte Thomas Mann nicht aufgeben, weil es zum Buddenbrook-Roman und zu seinem Leben entscheidend dazugehörte.

## Bleibt ein Rätsel zu lösen!

Kurt Tucholsky hat es in einem Brief folgendermaßen formuliert: »Was so erstaunlich bleibt – und das Buch wird nicht alt – ist, daß das Lübeckische und das Persönliche so zum Allgemein-Menschlichen vertieft ist, daß es alle angeht.«

Es ist die Rätsel-Frage, wie diese sehr persönliche Geschichte, die sich zudem auf eine sehr überschaubare Wirklichkeit in Lübeck bezieht, eine so ungebrochene Wirkung über nun schon mehr als einhundert Jahre in der ganzen lesenden Welt entfalten konnte. Es ist mithin die Frage, wie die Welt der Buddenbrooks diese allgemeine Bedeutung gewinnen konnte, die man heute ansonsten höchstens noch in Wagners Musikdramen wahrnimmt. Die Antworten finden wir nicht in der Entstehungsgeschichte und auch nicht in Thomas Manns Lebensgeschichte. Wir finden sie allein im Roman.

Da ist zuerst die räumliche Geschlossenheit des Romans, auf die schon verwiesen wurde. Die ganze Geschichte spielt in Lübeck – mit ganz wenigen Ausnahmen, wie etwa Tonys kurzem Ehe-Abenteuer in München mit Herrn Permaneder, das allerdings auch nur in einem nachholenden Bericht gegenüber dem Bruder im Familienhaus in Lübeck geschildert wird.

Dieses Lübeck ist eine ganze Welt im Kleinen. Thomas Mann konnte sich demnach sicher sein, dass seiner Beschreibung bei aller Provinzialität etwas Welthaltiges innewohnte, weil er die Insignien der großen Welt eben mit abkonterfeite. Das alleine hätte jedoch nicht gereicht. Ohne einen großen Schriftsteller wird auch eine noch so komplette kleine Welt nicht zur großen, repräsentativen. Fragen wir also weiter, fragen wir nach den besonderen erzählerischen Qualitäten von Thomas Mann.

Er erzählt in allen seinen großen Romanen immer zwei hauptsächliche Ge-

Kurt Tucholsky in Paris, 1928

Älteste Fotoaufnahme des Buddenbrookhauses, um 1870

schichten. Eine, die sich auf die Fakten bezieht, und eine andere, die die Fakten überschreitet, sich ins Reich der Phantasie aufmacht. Für den Leser ist das oft gar nicht so einfach, weil er zwischen den Geschichten immer wieder hin und her wechseln muss.

Wie ist das zu verstehen? Beginnen wir mit den auf den Fakten basierenden Geschichten Thomas Manns, die mit den *Buddenbrooks* ihren Anfang im Romanschaffen nahmen.

Dann könnte man so antworten: Das Topographische, die exakte Beschreibung von Örtlichkeiten, seien es Straßen oder Gebäude, Landschaften oder anderes Äußeres, aber auch – im übertragenen Sinne – das Innere, die Wohnungen und Lebensräume der Figuren, all das bildet ein prägendes Element im Schaffen Thomas Manns. Von Beginn an, seit der Kindheit und Jugend in Lübeck, entwickelt Thomas Mann sich daher zu einem der großen Realisten in der deutschen Literatur des 20. Jahrhunderts. Er beschreibt mit äußerster Exaktheit die Dinge so, wie sie sind. Das lässt sich an den großen Werken ablesen. *Buddenbrooks* etwa und auch *Tonio Kröger* können in weiten Teilen als literarisch wertvolle Stadtführer gelesen werden. Noch heute kann sich jeder, der seine *Buddenbrooks* wirklich

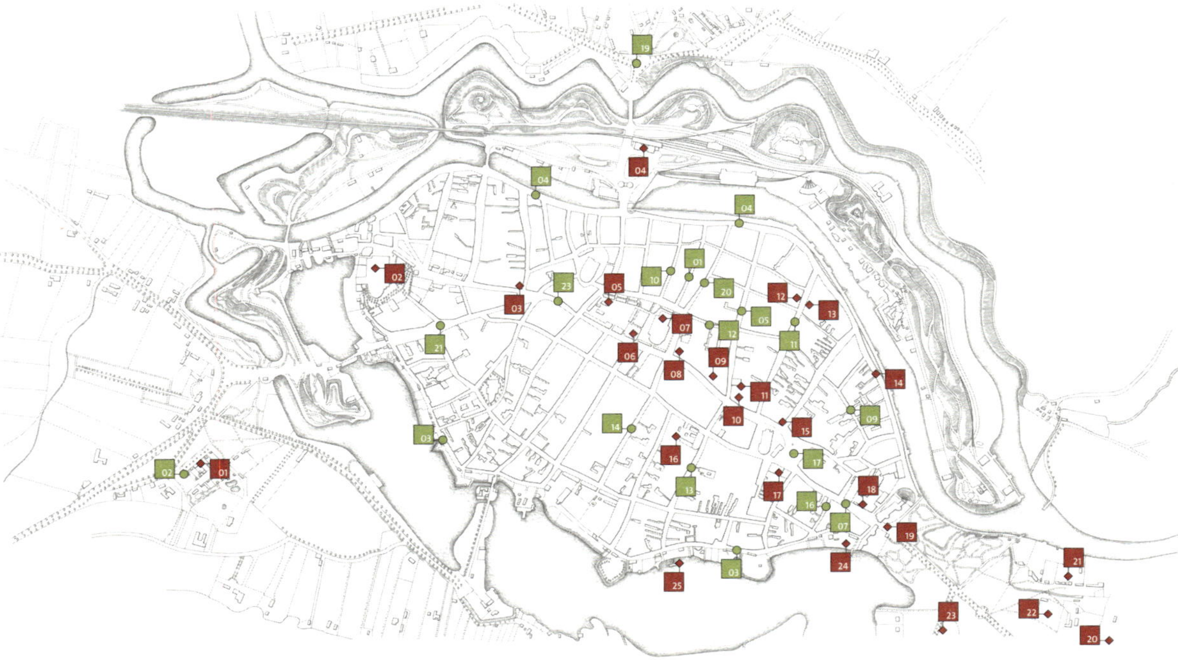

**Orte**

01 Pension Sesemi Weichbrodt
02 Dom
03 Hotel Stadt Hamburg
04 Bahnhof
05 Markt
06 Rathaus und Börse
07 Marienkirche
08 Buddenbrookhaus
09 Toms Haus in der Breite Sraße
10 Ebbescher Saal
11 Theater und Kasino
12 Anna Iversens Blumenladen
13 Toms Haus in der unteren Fischergrube
14 Speicher »Eiche«
15 Schiffergesellschaft
16 Katharineum
17 Heiligen-Geist-Hospital
18 Gefängnis
19 Burgtor
20 Jerusalemberg
21 Krögersches Anwesen
22 Friedhof vor dem Burgtor
23 Gerdas Haus vor dem Burgtor
24 Tivoli-Theater
25 Badeanstalt

**Straßen**

01 Alfstraße
02 Am Mühlenbrink
03 An der Mauer
04 An der Trave
05 Beckergrube
06 Breite Straße
07 Burgstraße
08 Burgfeld
09 Engelwisch
10 Fischstraße
11 Fischergrube
12 Fünfhausen
13 Glockengießer Straße
14 Johannisstraße
15 Kastanienallee
16 Kleine Gröpelgrube
17 Koberg
18 Königsstraße
19 Lindenplatz
20 Mengstraße
21 Mühlenstraße
22 Mühlenwall
23 Sandstraße

Stadtplan mit Romanorten zu *Buddenbrooks*. Der Plan stammt aus der seit dem Jahre 2000 im Buddenbrookhaus gezeigten Ausstellung: *Die Buddenbrooks* – ein Jahrhundertroman.

im Kopf hat, im Stadtkern Lübecks problemlos orientieren, auch wenn er zum ersten Mal in der Stadt ist. *Der Zauberberg* leistet dies dann ein Vierteljahrhundert später für Davos, und auf dem Kongress der Deutschen Thomas-Mann-Gesellschaft zum *Joseph*-Roman haben die ägyptologischen Experten mit Einhelligkeit betont, dass alles so stimme, dass das altägyptische Leben exakt und

Stadtansicht auf Lübeck von Nordwesten mit Hafen, Segel- und Dampfschiffen.
In der Bildmitte die Türme von St. Marien. R. Geissler, 1862

korrekt geschildert werde. Auch auf dem Nil wird man also, wenn man die Veränderungen durch die über 2000-jährige Geschichte angemessen berücksichtigt, mit dem *Joseph*-Roman auch heute noch nicht gänzlich im Stich gelassen.

Zur Unterstützung dieser Sichtweise könnte man auf die Arbeitsweise Thomas Manns verweisen, auf die genauen Erkundigungen über das Faktische, die seit *Buddenbrooks* sein Werk bestimmen, auf die Tabellen etwa, die er für die Zeitabfolge seiner Romane anlegte, damit dort Stimmigkeit sich einstellte. Eine ganz frühe ist für *Buddenbrooks* erhalten und nicht viel anders sieht ein Blatt fünfzig Jahre später aus, das er für den *Doktor Faustus* angelegt hat. Das alles ergäbe einen Sinn.

Aber man könnte auch anders antworten: Thomas Mann ist ein realitätsferner Autor. Nichts strebt er weniger an, als die Welt so zu geben, wie sie ist. In seinen Werken finden sich von Beginn an keine realen Welten, sondern träumerische Räume, phantastische Städte und Häuser, die mit dem Wirklichen wenig gemein haben.

In diesem Sinne schildern *Buddenbrooks* eine Phantasiestadt mit Roman-

Der Sturz von Thomas Buddenbrook. P. Rosié, Buchillustration, 1974

figuren, die mit den wirklichen Bewohnern von Lübeck gar nicht übereinstimmen. Ein Senator, der im Garten Schopenhauer und Nietzsche liest, ein kleiner Junge, der auf der Orgelplattform St. Mariens von Wagner träumt, ein Held schließlich, der an einem kranken Zahn, mitten auf der Straße in den Dreck fällt und stirbt – das alles deutet nicht auf das reale Lübeck hin. Und eine solche Argumentation könnte nicht zuletzt anführen, dass der Name der Heimatstadt nicht ein einziges Mal auftaucht im nobelpreisgekrönten Jugendwerk. Diese Lesart der Werke ließe sich fortsetzen. *Der Zauberberg* etwa spielt demnach in einem wirklichkeitsfernen Raum, dem Flachland entrückt. Die Welt der *Joseph*-Romane erscheint dann als ein Menschheitsraum, in dem sich die verschiedensten Strömungen des antiken Lebens sehr frei überlagern und von der realen ägyptischen Welt dann nicht mehr viel übrig lassen.

Das Haus Via Torre Argentina in Rom. Hier schrieb Thomas Mann Teile der *Buddenbrooks*.

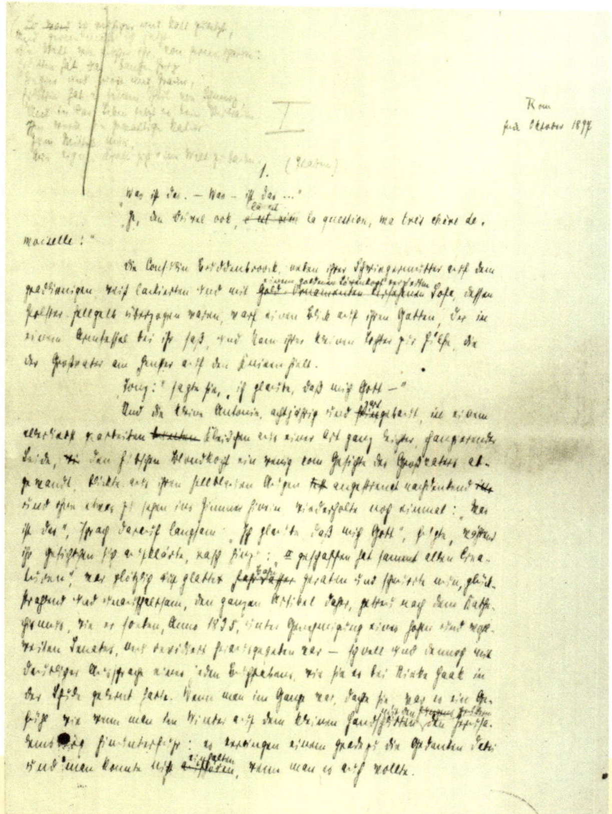

Die erste Seite der *Buddenbrooks*-Urhandschrift. Datiert: »Rom Ende Oktober 1897«

## Der doppelsichtige Blick

Das Gegensätzliche dieser Haltungen zeigt: Es gibt keinen Königsweg in die Werke Thomas Manns. Und vor allem darf man die Korrektheiten der Wirklichkeitsschilderungen nicht vorschnell für einen platten Realismus nehmen.

Am Beispiel von *Buddenbrooks* hat Thomas Mann die Bedeutung der Realität für seine Literatur folgendermaßen beschrieben:

»Als ich ›Buddenbrooks‹ zu schreiben begann, saß ich in Rom, Via Torre Argentina trentaquattro, drei Stiegen hoch. Lübeck hatte nicht viel Realität für mich, man kann es mir glauben, ich war von seiner Existenz nicht sehr überzeugt. Es war mir, mit seinen Insassen, nicht wesentlich mehr als ein Traum, skurril und ehrwürdig, geträumt vor Zeiten, geträumt von mir und in der eigentümlichsten Weise mein Eigen. Drei Jahre lang schrieb ich an dem Buche, mit Müh' und Treue. Und war dann tief erstaunt, als ich vernahm, daß es in Lübeck Aufsehen und böses Blut mache. Was hatte das wirkliche Lübeck von heute mit meinem in dreijähriger Arbeit erbauten Werk zu tun?«.

Wie ist das gemeint? Stellen wir uns dazu die konkrete Lebenssituation des jungen Autors vor. Thomas Mann schreibt über Lübeck in der Fremde, in Rom und in München. Und natürlich hat er recht, wenn er vom Traum spricht, der Lübeck für ihn war. Er hat Bilder der Stadt im Kopf, er trägt sie als Vorstellungen, die seine literarische Phantasie beflügeln, mit sich herum. Aber er will einen Roman schreiben, und daher sind all diese Lübeck-Bilder, die er im Kopf hat, nur Materialien, die er verwendet, um seine ganz eigene Geschichte zu erzählen. Was er aus Lübeck mitgebracht hat und als Traum mit sich führt, ist der Rohstoff für einen Roman von weltliterarischem Rang und nicht die Basis für eine möglichst exakte Schilderung von real existierenden städtischen Straßenzügen. Freilich grundieren diese Fakten die Geschichte, als Stoff, als erzählerischer Rahmen, der ihr Halt und Fassbarkeit gibt, der ihr in der Welt der Leser die notwendige Verankerung ermöglicht.

Denn es bleibt das Faktum bestehen, dass Thomas Manns Buddenbrook-Roman ganz fest in Lübeck verankert ist, etwas beschreibt, was andere auch gesehen haben, teilweise noch heute sehen können. Diese doppelte Optik hat Thomas Mann zeit seines Lebens Probleme gemacht, weil die Menschen sich sehr oft nicht an die phantastische Aufladung des Wirklichen gehalten, sondern die genau beschriebenen Menschen und Welten für die eigentliche Wirklichkeit des Romans genommen haben. So geschieht es schon mit *Buddenbrooks*.

Das prominenteste Beispiel für ein solches Missverständnis ist Gerhart Hauptmann. Der große Dichter, als Nobelpreisträger zugleich das große Vorbild für Thomas Mann, dessen Rang und Rolle er anstrebte – er gab 1923 beim gemeinsamen Urlaub auf Hiddensee das Vorbild für die Figur des Mynheer Peeperkorn im 1924 erschienenen großen Roman *Der Zauberberg* ab, eine wichtige literarische Figur des Romans, die durch ihre bloße Existenz im Sanatorium Berghof eine bezwingende Macht auf alle ausübt, die freilich nur ein weitgehend sinnloses Gefasel von sich gibt, wenn sie denn den Mund öffnet und redet. Gerhart Hauptmann war ebenfalls Autor des schon damals berühmten S. Fischer Verlages. Er bekam den neuen Roman und war begeistert – bis er auf die Figur des Mynheer Peeperkorn stieß. Sein Exemplar ist in der Berliner Staatsbibliothek erhalten, und dort findet sich die Randnotiz, die als Kommentar zitiert sein soll: »Dieses idiotische Schwein soll ich sein.«

Wenn schon ein Schriftsteller nicht in der Lage war, zwischen Vorbild und Abbild zu unterscheiden, wie sollten es erst die »normalen« Leser begreifen. Diese Frage stellte sich für Thomas Mann lebenslang, und zu seiner Ehre sei gesagt,

Gerhart Hauptmann

Thomas Mann, 1906

dass er versucht hat, sie für sich und das Publikum zu klären. Das führt uns zurück zu den *Buddenbrooks* und zurück nach Lübeck.

Dort fand im Oktober 1905 ein Prozess gegen den seit 1902 in Lübeck lebenden Heimatschriftsteller Johannes Dose statt. Man warf dem Schriftsteller vor, in seinem Roman *Der Muttersohn* einen Anwalt bloßgestellt zu haben. In der ersten Instanz wurde Dose freigesprochen. Was Thomas Mann auf den Plan rief und zu einer spontanen Reaktion in den *Lübeckischen Anzeigen* am 7. November 1905 veranlasste, war freilich eine Äußerung des Staatsanwaltes. Dose hatte sich verteidigt, indem er auf andere Schriftsteller verwiesen hatte, die ihre Romanfiguren auch nach lebenden Vorbildern gestaltet hätten. Dabei war auch der Name Thomas Mann gefallen. Von Brocken, der Staatsanwalt, trieb die Sache auf die Spitze und brachte damit den literarischen Ruhm Thomas Manns, speziell in Lübeck, in ernsthafte Gefahr. Was war geschehen? In seinem Schlussplädoyer hatte er die *Buddenbrooks* als Bilse-Roman bezeichnet. Damit war für Thomas Mann eine neue Qualität erreicht. Leutnant Bilse hatte unter Pseudonym im Herbst 1903 den Schlüsselroman *Aus einer kleinen Garnison. Ein militärisches Zerrbild* veröffentlicht. Kaum verhüllt schilderte er dort die Zustände in

Es sind mir im Laufe der letzten 12 Jahre durch die Herausgabe der

**„Buddenbrocks",**

verfasst von meinem Neffen, Herrn **Thomas Mann** in München, dermassen viele Unannehmlichkeiten erwachsen, die von den traurigsten Konsequenzen für mich waren, zu welchen jetzt noch die Herausgabe des Alberts'schen Buches **„Thomas Mann und seine Pflicht"** tritt.

**Ich sehe mich deshalb veranlasst, mich an das lesende Publikum Lübecks zu wenden und dasselbe zu bitten, das oben erwähnte Buch gebührend einzuschätzen.**

Wenn der Verfasser der „Buddenbocks" in karikierender Weise seine allernächsten Verwandten in den Schmutz zieht und deren Lebensschicksale eklatant preisgibt, so wird jeder rechtdenkende Mensch finden, dass dieses verwerflich ist. Ein trauriger Vogel, der sein eignes Nest beschmutzt.

17078 **Friedrich Mann, Hamburg.**

Diese Anzeige setzte Friedrich Mann, ein Vorbild für die Romanfigur Christian Buddenbrook, am 28. Oktober 1913 in den *Lübecker Generalanzeiger*.

Friedrich Mann (1847–1926)

einer saarländischen Garnison. Der Roman wurde umgehend verboten. Ein Gericht verurteilte Bilse zur Entlassung aus der Armee und zu sechs Monaten Arrest. Das vergleichsweise milde Urteil veranlasste Kaiser Wilhelm II. dazu, dem Kriegsgericht das Missfallen auszusprechen und mehrere der beteiligten Richter in den einstweiligen Ruhestand zu versetzen. Der Fall war ein deutschlandweiter Skandal, es gab eine Reichstagsdebatte und viel Presse. »Bilse-Roman« – mit diesem Begriff war von nun an eine Kunst gemeint, die auf kolportagehafte und literarisch minderwertige Art und Weise Wirklichkeit in Kunst überführte.

Dagegen erhob Thomas Mann Einspruch, und er versuchte den Lübeckern zu erläutern, wie seine Kunst sich von der des Leutnant Bilse unterschied.

Der Dichter, so sagt er, möge eine große »Folgsamkeit dem gegebenen Detail gegenüber« haben, er eigne sich »Äußerlichkeiten an, welche der Welt ein Recht geben, zu sagen: Das ist Der, ist Die. Hierauf beseelt und vertieft er die Maske mit Anderem, Eigenem, benutzt sie zur Darstellung eines Problems, das ihr vielleicht ganz fremd ist, und Situationen, Handlungen ergeben sich, die dem Urbild

Elisabeth Mann (1838–1917), Vorbild für die Romanfigur Tony Buddenbrook

Therese Bousset (1801–1895), Vorbild für die Romanfigur Sesemi Weichbrodt

wahrscheinlich völlig ferne liegen. Dann aber halten die Leute sich für berechtigt, auf Grund der Äußerlichkeiten auch alles Übrige für ›wahr‹, anekdotisch, kolportiert, für Ausplauderei und sensationellen Klatsch zu nehmen, – und der Skandal ist da.« Und genau dieser Skandal war in Lübeck sofort nach dem Erscheinen von *Buddenbrooks* da gewesen. Von den Schlüssellisten war schon die Rede. Thomas Mann wurde als Nestbeschmutzer gesehen, der seine Heimatstadt dem Gespött der Leute ausgesetzt hatte.

Dagegen hatte er sich gewehrt und ganz apodiktisch konstatiert: »Die Wirklichkeit, die ein Dichter seinen Zwecken dienstbar macht, mag seine tägliche Welt, mag als Person sein Nächstes und Liebstes sein; er mag dem durch die Wirklichkeit gegebenen Detail noch so untertan sich zeigen, mag ihr letztes Merkmal begierig und folgsam für sein Werk verwenden: dennoch wird für ihn – und sollte für alle Welt! – ein abgründiger Unterschied zwischen der Wirklichkeit und seinem Gebilde bestehen bleiben – der Wesensunterschied nämlich, welcher die Welt der Realität von derjenigen der Kunst auf immer scheidet.«

Das schreibt der junge Thomas Mann in einer Lübecker Zeitung, der mit den *Buddenbrooks* gerade zu einem Star der literarischen Szene geworden war und

Buchumschlag der Erstausgabe von *Der Zauberberg* von 1924

Buchumschlag von *Joseph und seine Brüder* aus dem Jahre 1948.

nun ein bisschen Furcht davor hatte, dass mit einer Debatte über den Schlüsselroman *Buddenbrooks* der gerade gewonnene Ruhm wieder angegriffen wurde. Man kann es daher verstehen, dass er eine ganz undurchlässige Scheidewand zwischen der Wirklichkeit und der Kunst aufbaut, dass er ganz kategorisch feststellt: Mein Lübeck im Roman hat mit dem realen Lübeck aber auch rein gar nichts zu tun. Wir haben gesehen, dass dies so nicht stimmt, dass man eben nicht so tun kann, als habe das Vorbild mit dem Abbild rein gar nichts zu tun. Der Fall war doch nicht so endgültig zu entscheiden, wie der junge Thomas Mann es gerne gehabt hätte.

Später, als der Ruhm auf ein Weltniveau gewachsen war, als Romane wie *Der Zauberberg* und *Joseph und seine Brüder* ihn unumkehrbar gemacht hatten, gibt es dann auch eine ehrlichere Sicht der Dinge. So heißt es anlässlich eines Gespräches zwischen Joseph und seinem Dienstherren Potiphar, dass die Wirklichkeit »ineinander vermummt« sei, und dann wird dieser seltsame Begriff am Beispiel des Nils erläutert. Im alten Ägypten war dies ein göttlicher Fluss, »von Stiergestalt oder auch von der eines bekränzten Mannweibes, mit doppelartiger Brust, hat er nicht das Land geschaffen, und nährt er es nicht?« So weit die mythische

Die Damen Buddenbrook
und Sesemi Weichbrodt.
P. Rosié, Buchillustration, 1974

Tiefendimension, die hier für die ägyptische Welt der *Joseph*-Romane in einem Symbol gefasst wird, die aber in allen Romanen, auch in *Buddenbrooks*, auf ihre je eigene Art vorkommt. Das ist aber nicht alles. Der Mensch kann auch eine andere Haltung, eine andere Sicht auf den Nil zum Ausdruck bringen. Und so fährt der klug gewordene Erzähler der *Joseph*-Romane fort: »Das hindert nicht ein sachliches Verhalten zu seinem Wasser, nüchtern gleich diesem: man trinkt's, man befährt es, man wäscht sein Leinen darin.« Hier wird das Wasser in seiner ganz realen und oberflächlichen Bedeutung genommen. Aber beides geht zusammen in den *Joseph*-Romanen. Und der Erzähler resümiert: »Zwischen Irdischem und Himmlischem ist die Grenze fließend, und nur ruhen zu lassen brauchst du dein Auge auf einer Erscheinung, damit es sich breche ins Doppelsichtige.«

Es ist der doppelsichtige Blick, der für Thomas Mann den idealen Leser auszeichnet. Man kann die Oberfläche der Wirklichkeit und ihre Tiefendimension mit all den neuen Bedeutungen nicht kategorisch voneinander scheiden. Thomas Mann hatte verstanden, dass die Frage aus *Bilse und ich,* »Wenn ich aus einer Sache einen Satz gemacht habe – was hat die Sache noch mit dem Satz zu tun?«, weitaus mehr als eine rhetorische Frage war. Die Sache und der Satz – sie stehen auch in der Literatur weiter in einem spannungsreichen Verhältnis, und es ist dieses Verhältnis, das einen entscheidenden Reiz von *Buddenbrooks* ausmacht.

Fragen wir abschließend noch einmal mit Tucholsky: Wie wird aus dem konkreten Lübeck die bürgerliche Stadt, wie wird aus dem Schicksal der Lübecker Familie Buddenbrook ein weltweit verstehbares Familienbuch, wie wird aus dem Besonderen das Allgemeine? Das Einmalige an *Buddenbrooks* war und ist – und hier waren die frühen Leser des Buches klüger als der Autor in seiner Radikalität –, dass immer eine Art ›kleiner Grenzverkehr‹ zwischen der beschriebenen Wirklichkeit und ihrer Gestaltung im Roman, zwischen der »Sache« und dem »Satz«, stattfindet. Der doppelsichtige Blick muss daher beides zugleich betrachten, darf auf keinem Auge blind sein. Das reale Lübeck hat dem Buddenbrook-Roman bis heute seine ganz besondere Aura und Einmaligkeit verliehen. Es hat die Geschichte geerdet und für Leser in aller Welt nachvollziehbar, nacherlebbar gemacht. Und daneben ist dieses Lübeck durch das literarische Können Thomas Manns mit Bedeutungen aufgeladen worden, tun sich bis heute für den Leser ganz andere Welten auf, die alles mit einer Allgemeingültigkeit und Übertragbarkeit versehen, sodass man in der ganzen Welt mit Tony zittert und mit Thomas leidet und sich über Christians Scherze amüsiert – mit einem Wort: Dass man immer noch mit Vergnügen in diesem Buch liest, das nicht zu veralten scheint.

Lübeck von Osten, Blick über die Wakenitz. Christian Heinrich Achenbach, 1869

Manfred Eickhölter

# Die Stadt Lübeck in *Buddenbrooks*

## Romangeschehen und Ort der Handlung

Der Roman *Buddenbrooks* setzt ein mit einem glanzvollen Einweihungsfest an einem Donnerstag im Herbst 1835 und endet, ebenfalls im Herbst und bei kaltem Regen, im Jahre 1877. Nach dem schrecklichen Tod des letzten männlichen Buddenbrook, des 16-jährigen Hanno, nehmen die wenigen Überlebenden der Familie, sämtlich Frauen, bekümmert voneinander Abschied. Vier Generationen einer herrschenden Kaufmannsfamilie eines Stadtstaates im mittleren 19. Jahrhundert wurden vor uns ausgebreitet. Chronikalisch genau haben wir von Taufen, Heiraten, Todesfällen erfahren, nahmen Einblick in Firmenbilanzen, wurden Zeuge von bedeutenden Geschäftsereignissen, politischen Siegen,

Lübeck von Osten, im Vordergrund die Wakenitz, in der Bildmitte St. Marien. F. C. A. Lill, Lithographie, um 1835

bitteren Niederlagen. Und bei all dem bleibt kein Zweifel, wo wir uns befinden: in Lübeck. Es ist die kleinste und bei weitem ärmste der drei verbliebenen freien Reichsstädte, im Mittelalter eine Metropole von europäischem Rang, das Haupt der Hanse, nun eine Enklave, umklammert und kurz gehalten vom mächtigen Dänemark. Auch wenn der Name nicht fällt, jedes politische Datum, jeder Platz-, jeder Straßenname stimmt genau. Und allerspätestens wenn folgender Satz fällt, wusste auch der bislang unaufmerksame Leser der Zeit um 1900, wo er sich, zumindest geographisch befand: »Nach Travemünde geht es immer geradeaus.« Das mondäne Seebad an der Ostsee war in aller Munde. Von Lübeck, dem Zwergstaat im preußisch-deutschen Kaiserreich, wusste eine größere Öffentlichkeit wenig bis gar nichts. Das würde sich bald ändern, zumindest unter Romanlesern und Literaten, sehr zum Verdruss vieler Lübecker. Warum, werden wir bald erfahren. Die Brust der Lübecker Bürger war stolz geschwollen vom letzten Besuch Kaiser Wilhelms II., der bei der Ankunft zur Eröffnung des Elbe-Lübeck-Kanals die ehrsamen Honoratioren der mühsam aufstrebenden Provinzstadt an die ideologische Sonderrolle erinnerte, die er ihnen bei seinem

Stadtansicht von Südosten, links die Türme der Marienkirche, 1859/60

ersten Besuch zehn Jahre zuvor auf den Frack geschneidert hatte: »Für mich ist Lübeck die deutscheste aller deutschen Städte.«

Aber: trotz so vieler stimmiger Details, *Buddenbrooks* ist kein Geschichtsroman, keine historische Erzählung, die mit dem Hilfsmotor einer reißerischen Allerweltsfabel Unmengen von Daten, Fakten und Ereignissen aus der Lokalgeschichte eines Flecken Erde an den Leser bringen will. In *Buddenbrooks* treffen wir, wenn denn ein Vergleich gewagt werden darf, auf einen jungen Erzähler, einen geistig Ausgewanderten, der inkognito zurückkehrt in die einstige Heimat, um deren Beschaffenheit seismographisch abzutasten für ein künstlerisches Unternehmen von einiger Kühnheit: die biographische Herkunft als ›Welt‹ der Kunst. *Buddenbrooks* ist Teil der Geschichte Lübecks selbst, ist Teil der Geisteskultur dieses so überreich mit Vergangenheit behafteten Stadtwesens. Was könnte damit gemeint sein, wie ist das zu verstehen? Wer aufmerksam mitverfolgt, wie Thomas Mann den Bezug zur geschichtlichen Stadt Lübeck im Ablauf des Romans entwickelt und ändert, der gelangt, wie von unsichtbarer Hand geleitet, von einem geschichtlich vertretbaren in einen irrealen Stadtraum.

Lübeck von Osten. H. Hautmann. Lithographie, um 1840

## Der biographische Hintergrund

Thomas Mann, 1875 geboren, verlässt Lübeck 1894 als Achtzehnjähriger. Er entstammt, wie mancher damals noch ehrfurchtsvoll formulierte, einer ›großen‹, einer ›bedeutenden‹ Familie. Sein Vater, jüngst und allzu früh verstorben, war Steuersenator gewesen, des Bürgermeisters rechte Hand, ein Mann ganz der neuen, der fortschrittlichen Zeit. Thomas Manns Großvater hatte Lübecks Verfassung von 1848, die modernste ihrer Zeit in Deutschland, mit auf den Weg gebracht, hatte die lang ersehnte Eisenbahn und eine für den Kaufmann wichtige Handelsbank mit gegründet. Und der Urgroßvater entstammte einem uralten Rostocker Kaufmannsgeschlecht und betrieb von 1790 bis 1848 ein überaus erfolgreiches Kaufmannsgeschäft in Lübeck, wo er herrschaftlich in einem Stadtpalais inmitten eines Patrizierquartiers residierte. Als Thomas Manns Vater 1891 im Alter von 51 Jahren mitten aus dem Leben gerissen starb, endete eine für Lübeck typische Erfolgsgeschichte, die Erfolgsgeschichte einer Fernhandelskaufmannsfamilie. Es war ein Ende mit Schrecken, nicht nur wegen des unerwarteten Todes, sondern wegen der harten Konsequenzen, die der Sterbende, unzufrieden

Stadtansicht von Südosten. G. F. Engel, Gouache, um 1795/1800

mit der Entwicklung seiner beiden ältesten Söhne, in seinem Testament gezogen hatte. Diese Söhne des Senators Thomas Johann Heinrich Mann waren aus der Art geschlagen. Der ältere, Heinrich, hatte sich bereits entschieden, Schriftsteller zu werden, die Zukunft des jüngeren Thomas war noch undeutlich, erlaubte indes auch keine allzu großen Zukunftshoffnungen im Sinne eines erfolgreichen Geschäftsmannes. Der Vater, der lange an die Kontinuität der Firma Johann Siegmund Mann geglaubt hat, zieht einen Schlussstrich, lässt die Firma liquidieren, das Vermögen fest anlegen, gestattet Witwe und Kindern nicht mehr als den ›Verzehr‹ der Zinseinnahmen. Julia Mann verlässt wenig später mit ihren Kindern die Stadt in Richtung München.

Thomas Mann bleibt noch eine Weile, beendet seine wenig rühmliche Schullaufbahn mehr schlecht als recht, versucht sich nebenbei mit ersten schriftstellerischen Versuchen und bringt den *Frühlingssturm* heraus, Deutschlands erste ›Schülerzeitschrift‹, ein erstaunlich reifes Projekt. In seinem letzten Lübeckjahr 1893/94 schaut Thomas Mann sich am Orte interessiert um, besucht nicht nur das Stadttheater, sondern auch die Vorstadtbühnen, hört Vorträge,

Lübeck von Nordwesten. J. M. David, aquarellierte Federzeichnung, 1796

leiht Bücher in der Stadtbibliothek aus. Ob er in dem von der guten Gesellschaft argwöhnisch beäugten Ibsen-Club verkehrte, wissen wir nicht genau. Der Name des norwegischen Dichters stand bei der konservativen Kulturkritik für den drohenden Verfall der Sitten, der Moral, überall in Europa, auch in Lübeck.

## Thomas Mann und Emanuel Geibel

Wem Thomas Mann nicht aus dem Wege gehen konnte und vermutlich auch nicht wollte, das war Emanuel Geibel. Deutschlands erster Nationaldichter im wörtlichen Sinne, dessen Liebeslyrik damals unglaublich erfolgreich war und dessen politische Lieder seit 1848 für die ›kleindeutsche‹ Lösung unter Führung Preußens geworben hatten, Geibel ließ sich im Alter in seiner Heimatstadt nieder. Er wurde in Lübeck verehrt wie ein Heiliger und zum Ehrenbürger ernannt. Als

Stadtansicht von Norden, im Vordergrund die Wakenitz, rechts das Burgtor. C. Stolle, Aquarell, 1881

der Dichter im April 1884 starb, war Thomas Mann acht Jahre alt. Die Beerdigungsfeier in St. Marien hatte Dimensionen, die man in der Form in Lübeck nie zuvor erlebt hatte. Danach gab es über mehrere Jahre große Zeichen und Gesten verehrender Anteilnahme, Lübecks Zeitungen berichteten in kurzen Abständen von hochherrschaftlichen Spenden aus dem ganzen Reich für ein geplantes Denkmal. 1889 wurde es am Koberg feierlich eingeweiht, und der mittelalterliche Platz im Herzen der Altstadt, an dessen einer Platzseite das Heiligen-Geist-Hospital, an der anderen Seite die Schiffergesellschaft liegt, wurde umgetauft in Geibelplatz. Da war Thomas Mann 14 Jahre alt.

Emanuel Geibel, mit Thomas Manns Eltern gut bekannt, hatte seiner Stadt ein ›Vermächtnis‹ hinterlassen. Er leitete einen literarischen Lesezirkel für moderne Erzählliteratur, schaffte englische, skandinavische und russische Gegenwartsautoren an und förderte den Aufbau einer Bibliothek. Auf sein Anraten hin sammelte man Literatur über den Lübecker »Nationalcharakter«, denn Geibel befürchtete, die Besonderheiten des Lübecker ›Wesens‹ – wir würden heute sa-

Lübeck von Nordwesten mit Trave, links das Burgtor. J.C. Milde, 1847

gen, die Einstellungen, Haltungen, Anschauungen, die Mentalitäten, der Habitus, die Mundart, kurzum, alles, was die Bewohner Lübecks unverwechselbar zu Lübeckern machte –, könnte verloren gehen. Einem Brief an seine Freundin Henriette Nölting hatte er 1845 folgende Sätze anvertraut, Programm und Mahnung in einem: »Will Lübeck vor den Augen Deutschlands als ein dem gemeinsamen Vaterland angehöriges, aber doch für sich bestehendes Ganzes sich hinstellen, so bedarf es dazu einer bestimmten Individualität, eines scharf ausgeprägten Charakters. Bloßer Handelsstädte gibt es genug; hier ist noch eine eigentümliche Färbung nötig, die es von Rostock und Wismar, von Kiel und Stettin unterscheidet. Glücklicherweise sind alle Elemente zu einer solchen vorhanden, die Lübecker sollten nur endlich einsehen, dass es ihr Vorteil sei, wenn sie dieselben nicht verwischen, sondern stärker hervortreten lassen. Das Charakteristische Lübecks beruht einerseits auf seiner republikanischen Verfassung und auf seiner Verbindung mit dem Norden, ganz besonders mit Schweden und mit Finnland, andererseits aber und ebenso hauptsächlich auf einer großbürgerlichen Gediegenheit, auf einem altertümlich reichsstädtischen Zuschnitt, die sich trotz aller Zeitläufe

Hafeneinfahrt von Norden. K. A. H. Meier, Bleistiftzeichnung, 1841

schön und würdig erhalten haben. Jene aufzugeben, diesen zu modernisieren, uns in unseren äußeren Umgebungen anderen Orten gleichförmig machen zu wollen, heißt nichts anderes, als unsere Stadt mutwillig auf die Stufe einer mittelgroßen Stadt zweiten Ranges herunterzuschrauben. Jeder abgetragene Turm, ja jeder eingerissene Treppengiebel oder zur Unzeit umgehauene Baum ist daher für uns ein Rückschritt. Mit unserer Eigentümlichkeit, mit der Möglichkeit, dem gesamten Deutschland in scharf ausgesprochener Individualität entgegenzutreten, steht und fällt auch unsere Selbständigkeit.«

## Thomas Manns Jugenderfahrungen

Fast fünfzig Jahre waren nun vergangen seit diesen brieflich festgehaltenen Gedanken, die um 1845 auch gedruckt als Manifest erschienen waren. Emanuel Geibel und seine Freunde in Lübeck, Historiker (Wilhelm Mantels), bildende Künstler (Friedrich von Rumohr, Carl Julius Milde) und Literaten (Ernst und Wilhelm Deecke), taten das ihre, um das alte Lübeck, das ›Lübeckische‹, zu er-

Stadtansicht von Westen, rechts die alte Holstenbrücke. A. Haun, Ölbild, 1853

forschen, zu bewahren und zu kultivieren. Aber parallel dazu war die Stadt im selben Zeitraum in einen immer stärker werdenden, scheinbar unaufhaltsamen Modernisierungssog geraten. Der junge Thomas Mann erlebte, wie die Stadt umgebaut wurde, älteste Bausubstanz verschwand über Nacht und wurde ersetzt durch Bauten der »deutschen Renaissance« und der »preußischen Neugotik«, Lübeck verlor immer mehr den Charakter einer Handelsstadt mit altständischen Wurzeln und wurde provinzialisiert. Mit an der Spitze der fortschrittlichen Kräfte stand Thomas Manns eigener Vater, ein Mann von traditionsgesättigter Herkunft, aber persönlich ein ›junger Wilder‹, beseelt vom Geist der Gründerzeit.

Thomas Manns Jugend ist geprägt von einer spezifischen Erfahrung der Modernisierungsentwicklung, wie sie im 19. Jahrhundert in alten Städten wie Lübeck und Nürnberg gemacht werden konnte; natürlich nicht nur dort, aber dort mit verschärfter öffentlicher Wahrnehmung. Denn Lübeck gewann im 19. Jahrhundert den Ruf einer Kulturstadt von Rang, und insbesondere in den letzten beiden Jahrzehnten vor der Jahrhundertwende verstärkte sich mit jedem Gebäudeabriss der Chor derjenigen, die auf den Verlust mittelalterlicher Überlieferung für das gesamte kulturelle Deutschland aufmerksam machten. Jahrhundertelang war

Nordwestlicher Blick von den Wallanlagen. R. Geissler, Zeichnung, 1862

die Stadt eine baulich geschlossene Einheit gewesen, beschützt durch eine festungsartige Insellage, umflossen von zwei kleinen Flüsschen. Sie zählte zwischen 20 000 und 25 000 Einwohner. Seit etwa 1850 veränderten Bevölkerungsanstieg, Reichseinheitsbewegung, Gewerbefreiheit, Immobilienspekulation, beginnende Industrialisierung und der Wunsch, mit den hansischen Schwesterstädten Bremen und Hamburg gleichzuziehen, das Gesicht und den Charakter der Stadt. Das ehemalige Haupt der Hanse war weit zurückgefallen, noch hinter Kiel und Stettin, und war man auch das wohl kleinste, so war man doch noch lange nicht irgendein Staatsgebilde in Deutschland.

Dem jungen Thomas Mann, als er 1897 im Alter von 22 Jahren mit der Niederschrift der *Buddenbrooks* begann, war, wie er selbst sagte, Lübeck nicht mehr als ein ferner Traum. Dem jungen Künstler werden die handfesten, nüchternen Gesprächsthemen im Elternhaus und in der Stadt höchstwahrscheinlich weit weniger wichtig gewesen sein als die Feststellung, dass die Lyrik eines Emanuel Geibel restlos veraltet, hohl und abgeschliffen wirkte, nur noch »in alabasternen Versen tönte«. Seine Lieder waren bei allem regionalistischen Pathos sprachlich eher unbestimmt ›deutsch‹ als ›lübeckisch‹ angestimmt. Und das neue Kai-

Blick vom Wall auf Schiffbau und Hafenbetrieb, um 1870

serreich, welches Geibel beschworen hatte, entpuppte sich in der Praxis immer mehr als ein bedrohliches Ungeheuer ohne poetisch-idealen Glanz, ein preußischer »General Doktor von Staat«, der Untertanen züchtete, Aufmüpfige zu brechen versuchte und Schwache, die nicht mithalten konnten, verachtete. Und doch, so jedenfalls will es uns heute im größeren zeitlichen Abstand erscheinen, hat Thomas Mann ungeachtet aller Kritik und Ablehnung einen literarischen Auftrag, den Geibel hinterließ, ›von der Straße aufgelesen‹. Dessen Forderung und Mahnung, die Lübecker sollten sich ihre Eigenständigkeit und Individualität bewahren, beantwortete er mit einem Romantext, der sich lesen lässt wie eine Inventur dessen, was die Lübecker des 19. Jahrhunderts in Wirklichkeit waren, und nicht, was sie idealerweise sein sollten oder sein wollten. *Buddenbrooks* ist kein Geschichtsroman und doch aufs Engste verwoben mit dem Schauplatz der Handlung, nicht nur im stofflichen Sinne als Ort der Ereignisse. Der Roman ist zu begreifen als Reaktion auf die Reflexionen und Aktivitäten Lübecker Künstler, insbesondere aber Emanuel Geibels über ihren Ort auf der geistigen Landkarte Deutschlands. Als charakteristisch aber nun für Thomas Manns Ge-

Ansicht von Westen vom Wall, der Fischergrube gegenüber, 1857

staltungsweise ist: so wie der Name »Lübeck« im Roman nicht fällt, so deutet nichts im Romantext darauf hin, dass es in Lübeck einen Emanuel Geibel gab. In dessen Lyrik ist das Wort »Liebe« fast nicht mehr als eine Phrase, ein lebloses, erfahrungsloses Wort, in *Buddenbrooks* wird eine Welt geschildert, aus deren Leben die Liebe entschwindet.

## Die Reaktionen der Lübecker Leser

Als das Werk dann fertig war, wurde es in Lübeck von der literarischen Kritik begrüßt. Man lud den Künstler 1904 ein, und ein großes, gespanntes Publikum hoffte im überfüllten Theatersaal, er würde aus *Buddenbrooks* lesen. Blankes Entsetzen und Empörung dagegen bei den herrschenden Familien und Kreisen, bei den Behns, Fehlings, Eschenburgs. Der »Nestbeschmutzer« verunglimpfte die Vaterstadt. Man setzte *Buddenbrooks* auf den Index; Theodor Eschenburg erinnerte sich 1964: »Bei uns am Tisch durften der Roman und sein Verfasser nicht erwähnt werden.« Und Senator Hans Ewers, um 1900 ein Jüngling, beschrieb die Reaktion in der Stadt mit folgenden Worten: »Alsobald erhob sich in der Generation der damals 40- bis 60-jährigen ein Orkan der Entrüstung: Denn

Stadtseite von Westen, in der Bildmitte St. Marien, im Vordergrund Holzlager

es ergab sich, dass da ein Sohn Lübecks seine Heimat nicht nur nicht vergessen, sondern sich mit ihrer jüngeren Geschichte intensiv zu befassen erdreistet hatte ... Die junge Welt Lübecks [...] hatte wenig Sinn für die gemütvolle Egozentrik der Älteren. Sie spürte etwas davon, dass diese Familiengeschichte, dieser von Decadence angehauchte, lebensechte Roman so etwas wie einen wehvollen Immortellenkranz um die geliebte, von längst verwehtem Nachruhm noch immer zehrende Vaterstadt gelegt hatte.«

Was am stärksten bedrückt haben wird, das, was wirklich wehtat, werden nicht die kleinen amüsanten Plaudereien aus dem Nähkästchen, das sprachlich unnachahmlich treffend inszenierte Familiengezänk gewesen sein, sondern der Hauptgedanke des Textes, der Kaufmann alten Schlages sei am Ende. Das heiligste Gut des Stadtgeistes im 19. Jahrhundert, der Glaube an die unbesiegbare Kraft des freien Fernhandelskaufmannes, wurde hier entzaubert. Thomas Buddenbrook, der ›Held‹ des Romans, hatte den Spagat zwischen Bewahrung des Alten und Ergreifen des Neuen nicht geschafft, war tödlich ermüdet und schließlich erschöpft zusammengebrochen wie unter einer übergroßen Last. Wenn es denn stimmte, dass in der symbolischen Gestalt des Thomas Buddenbrook der ureigenste Geist der Stadt an ein endgültiges Ende gekommen war, dann wäre das ehrgeizige Reformprojekt der Kommune in seinem Hauptziel gescheitert. Es

Alte Holstentorbrücke über die Trave. Alfred Gomersal Vickers, Aquarell, 1833–36

konnte und durfte nicht wahr sein, dass just zu dem Zeitpunkt, als die gebildete und verantwortliche Gesellschaft des Stadtstaates sich einig darin war, Lübeck habe nach schweren Ausgangsbedingungen am Beginn des 19. Jahrhunderts den Wandel zur Jahrhundertwende geschafft, der vom Kaufmann geprägte Geist des Ortes habe aus eigener Kraft den Sprung in eine moderne Zukunft gemeistert, ohne sein ›Wesen‹ zu verlieren, dass nun ein Sprössling aus der Mitte der Gesellschaft einen Roman erscheinen ließ, der vor aller Welt das Gegenteil behauptete.

## Blick in die Werkstatt des Dichters

Auf den folgenden Seiten soll ein Blick in die Werkstatt des Dichters geworfen werden. Wir wollen beobachten, wie und auf welche Weise Thomas Mann den sperrigen Stoff integrierte. Dass der Rezensent der Lübeckischen Blätter, voll des Lobes für die Gestaltung im Ganzen, im Jahre 1902 einzig tadelte, der Roman enthalte für seinen Geschmack zu wenig an Lübecker Geschichte, ist ein Beleg dafür, dass Thomas Mann der Nachwelt einiges erspart hat. Er kann aber auch

Alte Holstentorbrücke. André Durand, Lithographie, um 1840

als Fingerzeig dafür gelten, in welcher Gefahr der Autor sich befunden hat. Aus Lübeck stammen, Lübeck als Schauplatz wählen, sich auf Lübeck thematisch einlassen und trotzdem einen Roman von universellem Kunstanspruch schreiben zu wollen, das hätte – nein, es ist erstaunlicherweise gelungen!

Es lässt sich unschwer zeigen, dass *Buddenbrooks* relativ geschichtstreu, ›objektiv‹ beginnt, um dann immer stärker in eine Richtung sich zu bewegen, die man um 1900 weder vom historischen noch vom Gesellschaftsroman kannte, die neu war in ihrer Verbindung von psychologischen, künstlerischen und philosophischen Elementen. Im kürzeren Teil des Romans, der den beiden ersten Buddenbrook-Generationen gewidmet ist und mit dem Tode Jean Buddenbrooks im Jahre 1855 endet, entwirft der Roman ganz unaufdringlich wie eine federleichte Skizze ein durchaus stimmiges Geschichtsbild, dargestellt an den auftretenden Romanfiguren als Verkörperungen von Lübecker Zeittendenzen. In diesem Teil des Romans entspricht die dargestellte Zeit der erzählten Zeit, also den Jahren 1835 bis 1855. Im umfangreicheren zweiten Romanteil, der von Thomas Buddenbrook und seinem Sohn Hanno handelt, also die Schicksale der dritten und vierten Generation der Familie zwischen 1855 und 1877 schildert,

Ansicht von Südwesten. R. Batty, Kupferstich, 1828

mischt Thomas Mann seine persönlich in Lübeck erlebte Zeit zwischen 1875 (Geburt) und 1894 (sein Weggang nach München) in die dargestellte Welt seiner Romanhelden ein. Durch diese Verschiebung des Zeitbezuges eröffnet sich der Künstler einen weiten Darstellungsraum, der ihn aus den einengenden Bindungen einer ›echten‹ historisch-chronikalischen Schreibweise entlässt und es ihm ermöglicht, unterschiedliche Zeit-, Erlebnis- und Erfahrungsebenen fließend ineinander zu weben: persönliche Erlebnisse, Erlebnisse seiner Familienmitglieder, Zeitereignisse. Für Leser überall auf der Welt ist dieser Wechsel gar nicht spürbar, nur wer Thomas Manns Quellen und Materialien überschaut, kann auf diesen Sachverhalt stoßen. Dabei ist nicht auszuschließen, dass die Provokation, die *Buddenbrooks* bei den über ihre eigene Geschichte überaus gut informierten Lübeckern auslöste, auch darin begründet war, dass dieser an eine Familienchronik angelehnte Roman den Zeitgenossen wie eine Fälschung, als eine sachlich falsche Täuschung vorkam.

Aber der Autor hatte wohl nicht die Absicht, den Lübeckern einen realistischen Roman zu bieten. Er beginnt in geschichtlicher Zeit und wechselt über in einen Handlungsraum, in dem Zeit wie angehalten, außer Kraft gesetzt ist.

Stadtansicht Lübeck von Südwesten. Fr. Schmidt, Lithographie, ca. 1850

## Die Jahre 1835 bis 1855

Nicht alles von dem, was Historiker heute über das damalige Lübeck wissen, stand Thomas Mann und seinen Zeitgenossen zur Verfügung. Es gibt einen Fortschritt des Wissens. Diese Differenz darf nicht übersehen werden. Sie nötigt uns zur Vorsicht bei der Zuschreibung von Gestaltungsabsichten des Künstlers. Andererseits verfügte der Autor als Mitglied einer herrschenden Familie über Informationen und Sichtweisen aus dem Umfeld von Beteiligten, von Betroffenen. Auch dieses Datenmaterial ist sorgfältig zu betrachten, es enthält zeitgebundene und persönliche Wertungen, parteiische Urteile. Es steht jedoch den Zeitereignissen näher. Für den Historiker besitzt ein Augen- oder Ohrenzeuge einen anderen Wert als ein zeitlich oder räumlich weiter entfernter Beobachter oder Betrachter. Zu guter Letzt darf und muss daran erinnert werden, dass die Wissenschaft von der Geschichte sich nicht ausschließlich dafür interessiert, was ›wirklich‹ geschehen ist. Der Historiker richtet seine Aufmerksamkeit auf jene Elemente des Vergangenen, die aus dem Blickwinkel seiner Zeit Gewicht und Bedeutung haben zum besseren Verständnis der Gegenwart.

Äußeres Holstentor
von Westen. W. Stoelzner,
Aquarell, um 1840

## Das Jahr 1835

Wir schreiben das Jahr 1835. Buddenbrooks haben in ihr neues Heim in der oberen Mengstraße eingeladen. Man feiert im Kreis der Familie mit Freunden Einweihung, man treibt Konversation, man speist, man tauscht alte Geschichten aus, man diskutiert Probleme der Gegenwart. Nicht nur für die Buddenbrooks ist dieses ein besonderes Jahr.

Alle Lübeck-Historiker sind sich einig, dass das Jahr 1835 in der Geschichte der Stadt einen besonderen Stellenwert besitzt. Es ist ein fixes Datum in der Erinnerungskultur. Mit dieser Jahreszahl ist in Thomas Manns Jugend Lübecks Aufbruch in die Moderne fest verknüpft. Eine lang zurückgehaltene Debatte ließ sich nicht länger aufschieben, die Frage nach der Zeitgemäßheit der Verfassung der Kaufmannsrepublik. Die gültige Verfassung stammte aus dem Jahre 1668 und war nach der napoleonischen Herrschaft unverändert restauriert worden. Nach mehreren gescheiterten Anläufen erschienen nun vierzehntägig die »Neuen Lübeckischen Blätter«, eine Zeitschrift. Im Zwergstaat Lübeck existierte keine Tageszeitung. Wer sich informieren wollte, bezog Hamburger Blätter.

Äußeres Holstentor. C. J. Milde, Aquarell, um 1850

In den Lübeckischen Blättern traten diejenigen auf, die dem Gemeinwesen eine radikale Verfassungsreform empfahlen. Der Kreis der Beiträger war in verantwortlichen Positionen tätig. Man unterzeichnete seine Beiträge nicht mit dem Namen, sondern mit einem Zahlenkürzel, um inkognito zu bleiben. Man nannte sie später, schon in Thomas Manns Zeit, »Das junge Lübeck«. Wer da über das öffentliche Wohl, über die Zukunft nachdachte und schrieb, war kein Idealist, Phantast, Himmelstürmer, es waren Männer der Praxis, vor allem Köpfe mit weitsichtiger Urteilsperspektive. Nach dreizehn Jahren konnte die Debatte als erfolgreich abgeschlossen gelten, im April 1848 beschloss Lübecks Senat eine neue Verfassung. Aus heutiger Sicht ein Schritt in die richtige Richtung, aus damaliger Sicht ein beinahe kühn zu nennendes Unterfangen.

Was in *Buddenbrooks, Erster Teil,* als Tischgespräch, als politische Debatte beim Billard inszeniert wird, ist nicht mehr und nicht weniger als eine Augenblicksaufnahme des gesellschaftlichen und politischen Zeitgeistes um 1835. Es sind die Herren im besten Alter, die hier Positionen beziehen. Jean Buddenbrook votiert für den Beitritt zu dem von Preußen vorgeschlagenen »Zollverein« des Norddeutschen Bundes. Aus wirtschaftlichen Gründen, um mit dem Bin-

Der Beginn der ›Franzosenzeit‹. Aquarell

nenland zukünftig besser handeln zu können. Wer aber »Zollverein« sagte, der meinte zwangsläufig eine radikale Verfassungsänderung. Lübeck war ein Staat mit eigener Zollpolitik und lebte in nicht geringem Umfang von Zolleinnahmen. Weinhändler Köppen, Jean Buddenbrooks erhitzter Opponent, will beides, die Vorteile des Zollvereins und das Festhalten am rechtlichen Status quo. Der fast zur Karikatur überzeichnete Weinhändler, noch »nicht lange reich«, dafür aber umso reicher an »Dialektschwächen«, wird in der Sache vom Autor verspottet, weil der Weinhandel, seit dem späten 17. Jahrhundert einer der am besten florierenden Wirtschaftszweige, von den zur Diskussion stehenden Veränderungen gar nicht berührt wurde. Köppen hatte gut reden und meinte wohl, nach beiden Seiten hin gleichzeitig gut Wetter machen zu müssen.

## Das Jahr 1806

Die ältere Generation um Johann Buddenbrook, Jean Jacques Hoffstede, Pastor Wunderlich und Makler Grätjens, sie alle verbindet die Erinnerung an ein schreckensreiches Ereignis. Es geht um die so genannte Franzosenzeit. 1806 im November flüchtete General Blücher nach der gegen Napoleon verlorenen Schlacht

»Combat de Lubec«. Unbekannter Künstler, Öl auf Leinwand

bei Jena und Auerstedt mit versprengten Resttruppen in Richtung Norden. Am 5. November zwingt er die Stadt, die bis dahin ihre Neutralität mit diplomatischen Mitteln eisern zu verteidigen wusste und dafür auf Missionen und Kongressen viel Geld fließen ließ, zur Öffnung der Tore. Blücher fordert Versorgung für seine erschöpften Truppen und beginnt, kaum aufgenommen, auf eigene Faust augenblicklich mit der Wiederherstellung der seit Jahrzehnten verfallenden Festungsanlagen. Am nächsten Tag haben nachsetzende Truppenverbände Napoleons die Stadt jedoch schon umzingelt. Es kommt zur Entscheidungsschlacht vor dem Mühlen- und dem Burgtor. Die Truppen dringen ein, ein erbitterter Straßen- und Häuserkampf entbrennt, Blücher kann sich knapp retten in Richtung Schwartau, muss aber tags darauf kapitulieren. Die Stadt selbst wird zur Plünderung freigegeben. Nach drei Tagen wird das Plündern untersagt. Pastor Wunderlich erzählt bei Tisch, wohl zum wiederholten Male in diesem Kreis, von einem Ereignis aus jenen Tagen, bei dem die Familie ›mit einem blauen Auge davonkam‹.

Es sind aber nicht nur die Gesprächsthemen selbst, die mit der Situation der Zeit bekannt machen. Genauso wichtig ist die breiten Raum einnehmende Dar-

Eroberung Lübecks am 6. November 1806, Straßenkämpfe

stellung der Lebensumstände. Das Einweihungsfest im Herbst 1835 präsentiert uns eine Familie, die es im Verlaufe von gut zwanzig Jahren zu etwas gebracht hat. Der alte Johann Buddenbrook hatte in der Zeit der napoleonischen Kriege erkannt, wo ein Kaufmann Gewinne machen konnte, hatte dem preußischen König als Heereslieferant gedient. Ein Kaufmann muss ›einen guten Riecher haben‹ für ›gute‹ Geschäfte, Johann hatte Instinkt bewiesen. Nun zogen Firma und Familie um. Aus einem »kleinen Haus in der Alfstraße«, wie wir später im Romantext erfahren, einem typischen Händlerhaus nahe am Hafen, in das hochherrschaftliche Haus in der Mengstraße, gegenüber der Marienkirche. Thomas Mann lehnt sich hier nicht an Überlieferungen aus seiner eigenen Familie an, sondern er entwirft, er erfindet die Geschichte einer Aufsteigerfamilie. Um sozialtopographisch zu verstehen, was er genau erzählt, muss man Lübecks geologische Lage etwas kennen. Der Stadthügel gleicht einem Schildkrötenrücken. Von Norden nach Süden erstrecken sich zwei Straßenzüge auf der Höhe, dort siedelt die Stadtherrschaft. Dort steht auch das neue Haus der Buddenbrooks. Nach links und rechts fallen »Gruben« steil ab, nach Westen zur Trave die Häuser von Kaufleuten und Schiffern, nach Osten zur Wakenitz die Häuser der

Das Ende der Schlacht vor dem Burgtor, französische Soldaten umgehen die Frontlinie und dringen in die Stadt

Handwerker; alles im 19. Jh. unverändert so, wie im 13. Jh. entwickelt. Die Alfstraße gehört zu den »Hafenstegstraßen«. Diese liegen westlich und unterhalb der Türme von St. Marien und waren fast ausschließlich von emsigen Kaufleuten bewohnt. Buddenbrooks wohnten bis 1835 in einem »kleinen Haus« in dieser Straße, das bedeutete eingeengt in Reih und Glied zu leben, umschlossen von hohen Grenzmauern und bedrängt von hohen Nachbarhäusern. Nun sind sie umgezogen und leben oben auf der Höhe; ein Anwesen von großem Zuschnitt, Garten, Gartenhaus, Durchfahrt zur gegenüberliegenden Straße. Kein Wunder also, wenn Herrn Köppen ein: »Alle Achtung, Buddenbrook, diese Weitläufigkeit, diese Nobless« entfährt. Buddenbrooks Haus in der Mengstraße war eine der ersten Adressen in der alten Stadt, wer dort wohnte, hatte es ›geschafft‹. Es entbehrt somit auch nicht der Ironie, wenn der Erzähler des Romans, auch er ein guter Freund des Hauses, sich über den Weinhändler Köppen boshaft-spitz mokiert. Buddenbrooks blitzblanker Reichtum kommt auch nicht von alters her. (Solche Feinheiten sind seit eh und je die Würze für jeden Leser, der sich im alten Lübeck auskennt.)

Holstenbrücke und inneres Holstentor, Stadtseite. C. Stolle, Aquarell, 1881

## Johann Buddenbrook als klassischer Aufsteiger

Das Bild des gesellschaftlichen Status des Johann Buddenbrook ist mit dem Gesagten jedoch nicht vollständig. Vor 1806 profitierte der Lübecker Handel von den Wirren der französischen Revolutionszeit, nach der Besatzungszeit erholte sich die Wirtschaft ganz allmählich auf sehr niedrigem Niveau. Nur ganz wenige Lübecker Handelsfirmen konnten aus der französischen Besatzungszeit von 1806 bis 1813 wirtschaftliche Erfolge ziehen. Handel und Seefahrt lagen wegen der Kontinentalsperre danieder. Was der Roman erstaunlicherweise mit keinem Wort erwähnt, ist das wirtschaftliche Erbe der Besatzungszeit, die unglaublich drückende Schuldenlast, die auf der Stadt lag und die erst um 1870 abgetragen war. Alteingesessene Firmen kollabierten reihenweise, während der Besatzungszeit und danach auch noch. Einen Romanleser um 1900, der sich mit den wirtschaftsgeschichtlichen Verhältnissen um 1835 ein wenig auskannte, wird deshalb das Ende der »Firma Ratenkamp«, so wie Jean Buddenbrook es bei Tisch erzählt, stutzig gemacht haben. War es nicht einfach so: Buddenbrooks hatten profitiert in der Krise, Ratenkamps waren ein Opfer der Zeitverhältnisse?

Untertrave, Ostufer, alte Holstenbrücke, inneres Holstentor, vor 1853/54

Auffällig an Johann Buddenbrook ist der Streit mit seinem Sohn aus erster Ehe. Gotthold, der »Rebell«, hatte gegen den Willen des Vaters in einen »Kramladen« geheiratet, war eine »Mesalliance« eingegangen. Scharfe Töne, warum? Nach 1813 war in Lübeck die alte Verfassung restauriert worden. In ihr gab allein der »Fernhändler« den Ton an. Die Umlandkaufleute, in Lübeck die »Krämer«, waren ausgeschlossen vom Stadtregiment, durften nicht in den Senat. Der Sohn Gotthold im Roman verwirklicht mit seiner Ehe nur, was weit blickende Köpfe real schon zwischen 1813 und 1818 gefordert hatten: Beibehaltung der fortschrittlichen Elemente des napoleonischen Code civil, unter anderem Einführung der Gewerbefreiheit und Abschaffung der alten Verfassung. Aber die Zeit war nicht reif gewesen. Der Riss, der durch die Familie Buddenbrook geht, ist Symbol für einen Riss in der Gesellschaft. Dass Johann Buddenbrook Gotthold verstößt, kennzeichnet ihn als rücksichtslosen, brutalen Aufsteiger. Er, der sich aus kleinen Verhältnissen in der Alfstraße hochgearbeitet hat, will nun, an hochherrschaftlichem Orte residierend, die Privilegien der alten herrschenden Klasse genießen. Johann Buddenbrook ist ein Verfechter der Restauration, und er profiliert sich dabei auf Kosten seines Sohns aus erster Ehe.

Entwurf für eine Raumdekoration von Joseph Christian Lillie (1760–1827), Lübecks klassizistischer Architekt, um 1820–30

## Zeittypische Mode und Weltanschauung

Die Thomas-Mann-Forschung weiß, dass der Autor im ersten Teil des Romans sich bemüht, die geschilderten Verhältnisse in Lübeck ins Allgemeine, Zeittypische zu heben. Der dänische Literaturhistoriker Georg Brandes, den Thomas Mann studierte, hatte in seinem mehrbändigen Hauptwerk, das die Zeitverhältnisse zwischen der Französischen Revolution 1789 und der Revolution von 1848 aus literarischen Dokumenten rekonstruierte, ein übersichtliches Schema entwickelt. Die Einstellungen zu Mode, Naturanschauung und Glauben figurierte er antithetisch um die Philosophen Voltaire und Rousseau. Der eine stand für Rationalität, der andere für Naturschwärmerei. Johann Buddenbrook und sein (nicht verstoßener) zweiter Sohn Jean sind in Kleidung und Habitus sowie in zahlreichen Einstellungen nach Mustern gestaltet, die sehr gut von Georg Brandes stammen können. Etwa, wenn der Alte sich über Tony Buddenbrooks Katechismuskenntnisse mokiert, ihren Aberglauben in Bezug auf Donner und Blitz schilt oder wenn er seinen verwilderten Garten vor dem Burgtor kegelig beschnitten wünscht, sein Sohn aber sich in der unberührten Natur ergehen

Ausgeführtes Landschaftszimmer im Hause Beckergrube 22 nach Entwürfen von J. Chr. Lillie, 1820–30

möchte. Die Einrichtung des Hauses in der Mengstraße, das »Landschaftszimmer« und der »Speisesaal mit den Götterfiguren«, sind beherrscht vom Geist des französischen Klassizismus. Er wurde den Lübeckern vermittelt durch den deutsch-dänischen Architekten und Designer Joseph Christian Lillie. Lillie arbeitete tatsächlich in den 1820er Jahren im Haus in der Mengstraße, und die Forschung ist sich sicher, dass die Innendekorationen, die Thomas Mann als Junge im Haus seiner väterlichen Großeltern kennenlernte, auch um 1890 noch zu sehen waren. Hier und da mischt sich in dieses grazil-hochherrschaftliche Ambiente als neueste Errungenschaften eines ehrbaren Biedermeiergeschmacks ein »massiges Buffet« oder ein »mächtiges Sofa«.

Wenn aber der alte Johann sich bei Tisch für das »Gymnasium« und die Altertumswissenschaften erwärmt und sich gegen die »Handelsschulen« und »Bergwerke«, gegen »Industrie« und die »praktischen Ideale« des Bürgerkönigs Louis Philippe wehrt, für die sein Sohn Jean sich in schwärmerischen Worten begeistert, dann befindet sich der Romanleser schon wieder inmitten ganz handfester Lübeckischer Zustände. Das Lübecker Gymnasium besaß um 1835 einen überregionalen Ruf. Es würde zu weit führen, die Namen einzelner Lehrer zu nennen, aber Emanuel Geibel, Theodor Storm, Georg Niebuhr und Ernst Curtius haben in ihren Lebenserinnerungen wohl nicht ganz zufällig übereinstim-

Marktplatz. A. Radl, Stahlstich, vor 1840

mend positiv auf ihre Schullaufbahn im Katharineum zurückgeschaut. Andererseits beschäftigten sich zahlreiche Vorträge der »Gesellschaft zur Beförderung gemeinnütziger Tätigkeit« mit den wirtschaftlichen Entwicklungstendenzen andernorts, mit Industrie und Handelsschulen, die in Lübeck aus den genannten Gründen (noch) nicht Fuß fassen konnten oder sollten. Pointiert und zugleich gültig ausgedrückt finden wir den Charakter der Zeit zwischen 1815 und 1835 in der Formulierung des Historikers Michael Brix, der die Zustände in Lübeck mit denen in Nürnberg verglich: »Zu Beginn des 19. Jahrhunderts fanden die Besucher Lübecks eine Stadtrepublik vor, die sich zu einem der konservativsten Staatswesen in Deutschland entwickelte.«

## Das Haus Buddenbrook wird in seinen Grundfesten erschüttert

Nach dem Einweihungsfest im Oktober 1835, welches der erste Teil des Romans nutzt, um ein Bild der gesellschaftlichen und politischen Stimmungslagen vor uns auszubreiten, liegt das Hauptgewicht der folgenden vier Teile auf der Entwicklung Tonys, ihrer unbeschwerten Jugend, dem Verlust ihrer großen Liebe

Breite Straße in Höhe Mengstraße mit Blick auf St. Jakobi. A. Stubbendorf, Öl auf Leinwand, 1880

Morten Schwarzkopf, dem zukünftigen Arzt aus Travemünde, ihrer von den Eltern erzwungenen Ehe mit dem Hamburger Kaufmann Bendix Grünlich, ihrer Rückkehr ins Elternhaus, der Scheidung. Tonys Entwicklung ist untrennbar verbunden mit den Anschauungen und dem Verhalten ihres Vaters, des Konsuls Jean Buddenbrook. Wir lesen von seinem ausgeprägten Sinn für die Familiengeschichte, schütteln den Kopf über seine verschrobene Religiosität, die ihn blind macht für den Blender Grünlich, bewundern sein sicheres Auftreten während der Lübecker Revolution im Oktober 1848.

Thomas Mann hat sich zeitlebens dagegen verwahrt, ein politischer Schriftsteller zu sein, insbesondere in *Buddenbrooks* habe er manche Entwicklung der Moderne in Deutschland »verschlafen«. Und hat sich doch gleichzeitig mit den Formulierungen eines der ganz großen Literaturtheoretiker des zwanzigsten Jahrhunderts, Georg Lukács, geschmückt. Der behauptete, hinter dem Rücken des jungen Autors, der klaren Sinnes wohl nur ästhetische und psychologische Absichten verfolgte, habe sich dessen Realitätssinn als Sohn einer Herrschaftsfamilie gleichsam urwüchsig Bahn gebrochen. *Buddenbrooks* seien unter der Hand

Der Koberg, links das Heiligen-Geist-Hospital, in der Bildmitte die Jakobikirche.
J.C.C. Meyn, Lithographie, ca. 1840

zu einer Geschichte vom Verfall des deutschen, ja des europäischen Bürgertums geraten. Wir wollen an dieser Stelle keine eingehende Untersuchung ansetzen und erörtern, wie die Aussagen zu gewichten sind. Wir wollen nur andeuten, was Lübecker Leser der Zeit um 1900 aus den Romanteilen, die Tony und ihrem Vater gewidmet sind, heraushören konnten und was wir Heutigen über Lübecks Geschichte der Zeit zwischen 1835 und 1848 wissen.

## Pastor Kölling alias Johann Ägidius Ludwig Funk

Seit 1829 wirkte an St. Marien ein Pastor, der über Jahrzehnte den Zeitgeist der Stadt prägte, Johann Funk. Seine Predigten, in denen er holzschnittartig zwischen christlich und nicht christlich, zwischen gut und böse schied, waren in Lübeck überaus populär und heftig umstritten. Funk scheute keine Auseinandersetzung mit dem herrschenden Zeitgeist, wenn sich eine Gelegenheit bot, angeblich evangelisch-lutherische Positionen zu verdeutlichen. Der Geist, den Funk vorfand, war geprägt durch den Prediger der kleinen, aber wirkungsmächtigen Gemeinde der Reformierten, Johannes Geibel, den Vater des Dichters Emanuel

Burgtor im Norden der Stadt, Ausgang u. a. in Richtung Travemünde. R. Geissler

Geibel. Der alte Geibel war ein glühender Anhänger Lessings, Goethes, Schillers, verehrte die Romantiker, hatte bei Friedrich Schleiermacher studiert und verfügte über eine umfangreiche Bibliothek aktueller Erzählliteratur, die er in seine feinsinnigen Predigten einwob. In Lübeck rechnete man ihm besonders hoch an, dass er während der napoleonischen Zeit mit seinen deutschnationalen Liedern und einem gewagten, für Leib und Leben nicht ganz ungefährlichen Auftritt den französischen Besatzern getrotzt hatte.

Johann Funk, redegewaltig und unerschrocken, versuchte, zumindest aus seiner Kirche St. Marien den »Geist der Goethezeit« zu vertreiben. Funk plädierte für eine Erneuerung des häuslichen Lebens. Schon zu Lebzeiten tauchte in Lübeck ein Gemälde auf, eine Karikatur, die den Pastor inmitten seiner Lieben am Wohnzimmertische zeigt, die Ehefrau und die drei Töchter mit gesenktem Haupte mit einer Stickerei beschäftigt, die Haare hochgesteckt, die Kleider bis zum Hals geschlossen, der Sohn dem Vater ehrfürchtig jedes Wort vom Munde ablauschend. Wir wissen heute, dass Thomas Manns Großvater und dessen

Blick auf Travemünde, von Lübeck kommend. A. Radl, Frankfurt, Zeichnung, 1820

Ehefrau, die im Hause Mengstraße 4, also im Buddenbrookhause lebten, mit Pastor Funk sehr eng befreundet waren.

Thomas Mann selbst wird Funk nicht mehr erlebt haben, aber Funk war noch um 1900 eine stadtbekannte Figur im kollektiven Gedächtnis, ständig frisch gehalten durch Veröffentlichungen seines Sohnes Martin Funk. Funk predigte für Moral, Zucht und Sitte und gegen die emanzipatorischen und demokratischen Bestrebungen der Zeit von 1848. Bei den Reformbestrebungen in Lübeck stand er auf der konservativen Seite, besorgt um die (»heilige«) alte Ordnung.

Thomas Mann hatte von seiner Tante Elisabeth einen umfangreichen Bericht über deren Jugendzeit in Lübeck erhalten. Darin schildert die Tante ausführlich, wie sie sich als junge Frau am religiösen Geist ihrer Mutter rieb. Nach mehreren gescheiterten Ehen übersiedelte sie schließlich nach Dresden, wo ihre geistig aufgeschlossene Tante und ihr Neffe, der Komponist Carl Grammann, lebten. Dieser arbeitete erfolgreich für die Dresdner Oper im Stile Richard Wagners. Es kann kein Zweifel bestehen, dass Züge Johann Funks in die Figur des Pastor Kölling eingeflossen sind, der Tony Buddenbrook zum Gehorsam ermahnt gegenüber dem väterlichen Willen, sich mit Bendix Grünlich zu verheiraten.

Ansicht des Seebades von Osten, links Travemündung, rechts Badekarren am Strand, auf dem Leuchtenfeld Leuchtturm und Badeanstalt, am oberen Bildrand Hotel. F. Thöming, 1822

## Travemünde unter Lübecks Herrschaft

Es besteht aber auch kein Zweifel, dass Thomas Mann für die Gestalt seiner Tony Buddenbrook den Lebensbericht seiner Tante Elisabeth ganz wesentlich abgeändert hat. Die im Rostocker Patriziermilieu beheimatete Jugendaffäre der Tante Elisabeth wurde nach Travemünde verlegt. Und aus dem standesgemäßen Kaufmannssohn, den die Tante liebte, der sich aber zurückzog, als der (ungeliebte) Hamburger Ernst Elfeldt mit angeblich älteren Rechten lautstark auftrat, wird der Sohn des Lotsenkommandanten Schwartzkopf.

Erst heute, nachdem die Lübecker Geschichtsforschung in allerjüngster Zeit Travemünde als Thema entdeckt hat, beginnt sich der politische, gesellschaftliche und historische Umriss jener Romanpassagen abzuzeichnen, die man bislang nur als harmlose Staffage für eine leichte Sommerromanze sehen konnte.

In die Tony-Morten-Episode sind nicht wenige Hinweise darüber eingeflos-

Das Luxusbad neben dem ›Städtchen‹ Travemünde, links in Richtung Ort der Leuchtturm, in der Bildmitte das Hotel, rechts Badekarren, vor 1830

sen, was es im 19. Jahrhundert bedeutete, unter Lübecks Herrschaft zu leben. Die »Prinzessin« Tony Buddenbrook, Angehörige eines hochherrschaftlichen Handelshauses, kommt auf einen Sommer ins ›Städtchen‹ Travemünde, um sich zu erholen, um sich, so die Meinung ihrer Eltern, von ihren »jugendlichen Flausen« zu trennen. Travemünde, seit Jahrhunderten im Besitz Lübecks, lebt von Fischfang, Lotsendiensten und Schmuggelei. Lübecks Stadtkommandant, der in der Vogtei residiert, setzt im Flecken, bestehend aus rund 200 Häusern und einer Kirche, durch, was dem Lübecker Kaufmann nützt und dient. Und was dem Lübecker Handwerk nicht schadet. Und das war im Zweifelsfall sehr viel. Lübeck war kein reiner Stadtstaat, sondern verfügte über ausgedehnte Ländereien im Umland, Streubesitz; Forste, Dörfer wie Ritzerau, Nusse und Behlendorf und Städte wie Travemünde, Mölln und zur Hälfte Bergedorf. Bis heute gibt es keine aktuelle Aufarbeitung der Geschichte der Landgemeinden, keine Beschreibung, was es bedeutete, als Lübecker »Gutsuntertan« zu leben.

Ansicht des Seebades. J. C. Richter, nach einem kolorierten Stich, um 1830

Morten Schwartzkopf ist der Sohn des Lotsenkommandanten. Lotsendienste waren für Travemündes Fischer ein einträgliches Zubrot. Der Lotsenkommandant koordinierte die Dienste. Er, selber ein Fischer und aus der Mitte der Fischer gewählt, war im Städtchen ein hoch angesehener Mann, gelegentlich wohl auch ein Gegenspieler zum Stadtkommandanten Lübecks. Lübeck knebelte Travemünde im eigenen Interesse, Travemündern war der Handel verboten, sie durften kein eigenes Bier brauen, sollten möglichst kein Handwerk betreiben.

Das große Geschäft mit den Kurgästen betrieben Lübecker, am kleinen Geschäft der Zimmervermietung waren auch Travemünder beteiligt. Die Gäste, die kamen, waren bis weit über die Mitte des 19. Jahrhunderts Lübecker und Hamburger Stadtaristokraten, die sich auf dem Leuchtenfeld vor den Toren des Städtchens verlustierten.

Lotsenkommandant Schwartzkopf ›kuscht‹ in unserem Roman vor den feinen Herren – andernorts würde man wohl sagen, er katzbuckelt –, blickt dafür aber umso kühner in die Zukunft und schickt seinen Sohn Morten nach Göttingen zum Studieren, Arzt soll er werden. Dort taucht Morten in den Dunstkreis des so genannten »Vormärz« ein, wird Mitglied einer deutschnationalen Burschenschaft, plädiert für Pressefreiheit, Abschaffung der Stände und der Privilegien, fordert die Anerkennung von Leistung als Maßstab der Wertschätzung.

Seebadeanstalt. S. Bendixen, Steindruck Gebrüder Borchers, 1828

Wen wundert es, dass Morten sich am Strand von den »Familien« fernhält, die dort lagern, den Möllendorpfs, Langhals und Buddenbrooks; wen wundert es, dass man es in diesen Kreisen schon als »allzu exklusiv« ansieht, dass Tony nicht im Kurhotel, sondern bei Schwartzkopfens logiert. Das war nicht standesgemäß.

Morten sitzt abseits »auf den Steinen«, wartet auf Tony und beginnt, ihr die Augen zu öffnen für ihren Stand, für die Lage in Deutschland. Wenn die beiden dann, nach dem ersten Kuss und dem gegenseitigen Versprechen, aufeinander zu warten, übers Meer schauen und ganz unbestimmt von »Freiheit« träumen, dann weiß zumindest Morten Schwartzkopf sehr genau, woran er denkt. Er kennt die Lage im Städtchen, kennt seine Herkunft.

Und Thomas Mann wusste auch, was er tat, als er Travemünde als Schauplatz wählte. In seinem Romankonzept von 1897 war vorgesehen, Dr. Morten Schwartzkopf sollte Hausarzt bei Senator Thomas Buddenbrook werden. Er hätte dann wohl den »Verfall« aus der Sicht des modernen Mediziners diagnostizieren und therapieren sollen. Eine für das alte Lübeck provozierende Idee: ein Aufsteiger aus Lübecks Hinterhöfen läutet dem siechen Stadtadel das Sterbeglöckchen. Die Idee wurde aufgegeben, Travemünde und die Schwartzkopfs blieben. Was damit – zumindest aus heutiger Sicht – noch bleibt, ist ein lite-

Hotel, Speisegebäude und Logierhaus. C. W. Arlt, ca. 1840

rarischer Kommentar Thomas Manns zum Begriff »Das junge Lübeck«. Tony und Morten, das blieb im doppelten Wortsinne ein Traumpaar. Was im Roman kommt, ist das Trauma Tony–Bendix Grünlich.

Wie man die Romanpassagen um 1900 gelesen haben könnte, ist schwer vorstellbar. Vieles hatte sich geändert. Schon in Thomas Manns Kindheit war Travemünde kein mondänes, exklusives Seebad mehr, sondern ein Volksbad. Seit es den Eisenbahnanschluss 1882 gab, strömten die Massen nach Feierabend ans Meer. Lübecks Kaufleute und Krämer hatten sich versöhnt und gemeinsam die »Kaufmannschaft zu Lübeck« gegründet. Die Handwerkszünfte hatten sich aufgelöst, Gewerbefreiheit war eingeführt. Doch im Senat hatten noch immer die alten Familien das Sagen. Und als die Sozialdemokraten bei den Bürgerschaftswahlen allzu erfolgreich wurden, änderte man kurzerhand das Wahlrecht auf geradezu reaktionäre Weise: wählen durfte nur, wer genügend hohe Steuern zahlte. Und als Travemündes Bürger mehr Unabhängigkeit und Selbständigkeit für ihr Gemeinwesen forderten, wurde kurzer Prozess gemacht, das »Städtchen« wurde eingemeindet und zum Stadtteil degradiert. Noch heute trennen Lübeck und Travemünde in manchen Dingen Welten.

Der ›Seetempel‹ am Brodtener Steilufer zwischen Travemünde und Niendorf, um 1870

## Das Jahr 1848 in der Stadtrepublik Lübeck

*»Smolt, wat wull Ji nu eentlich! Nu seggen Sei dat mal!«*
*»Je Herr Kunsel, ick seg man bloß: wi wull nu'ne Republike, seg ick man bloß«*
*»Öwer du Döskopp. Ji heww ja schon een«*
*»Je Herr Kunsel, denn wull wi noch een«.*

Das einzige politische Zeitereignis, das Thomas Mann in *Buddenbrooks* relativ ausführlich gestaltet, sind Ereignisse vom 9. Oktober 1848. Es ist die Dramatisierung einer in Lübeck ansässigen Anekdote mit erzählerischen Mitteln, in Wortlaut und Tenor ganz ähnlich jener im Romantext, die wir hier wiedergeben. In dieser Anekdote werden die ›Revolutionäre‹ verspottet. Schon immer hat die knappe Darstellung der Ereignisse die Imagination der Buddenbrook-Leser beflügelt. Die Sprachmagie des kurzen Kapitels ist so stark, dass man meinen möchte, es handele sich um einen Hauptteil des Romans. Und so kommt

Kutschverkehr zwischen Travemünde und Lübeck

es vielleicht gar nicht von ungefähr, dass der berühmte Spielfilm von 1959 mit Hansjörg Felmy, Liselotte Pulver und Hanns Lothar in den Hauptrollen, die Revolution kurzerhand ins ideelle Zentrum des Romans setzt. Das Drehbuch, zu dem Thomas Manns Tochter Erika maßgebend beitrug, erzählt von den Entwicklungen und Hoffnungen Tony, Christian und Thomas Buddenbrook vor dem Ereignis, um nach einer gescheiterten Revolution vom traurigen Ende aller drei Geschwister zu berichten. *Buddenbrooks* verwandelten sich im Drehbuch des Films zu einem historisch-politischen Sujet. Aber war in Lübeck die Revolution von 1848 wirklich gescheitert? Lübecks Historiker sind sich einig: Lübecks neue Verfassung vom Dezember 1848 setzte fortschrittliche Maßstäbe auch für die anderen Hansestädte, für Bremen und Hamburg.

So beschäftigt die politisch interessierten unter den Buddenbrook-Lesern seit eh und je die Frage: warum präsentierte Thomas Mann nur die karikierende Anekdote und nicht die historische Wirklichkeit? Der Autor hat an gewichtiger Stelle selbst eine Erklärung abgegeben. In den »Betrachtungen eines Unpoliti-

Burgtor, Blick auf die Feldseite, u. a. aus Richtung Travemünde. C. A. Lill, um 1830

schen« schreibt er 1918, er habe selbst erlebt, wie die Speicherarbeiter, die Träger, Gesellen und Gehilfen mit seinem Vater noch in den späten 1880er Jahren geredet hätten, ehrfürchtig, anhänglich. Ihm fehle der Glaube an die Kraft und das politische Verantwortungsbewusstsein der Arbeiterschaft.

## Verfassungsreform in Lübeck

»Kapitalarmut, Verkehrsnöte und mangelnde wirtschaftliche Initiative als Nachwirkungen der unheilvollen Zerstörung zwischen 1806 und 1813; Unzufriedenheit mit Regierungs- und Verwaltungsformen, Ungewissheit über kommende politische und wirtschaftliche Entwicklungen; Teuerung und Hungersnöte, politische Gefahren und Bedrängnisse seitens feindlich gesonnener Nachbarn – das alles kennzeichnet die niedergeschlagene, stumpfe, hoffnungslose und verdrossene Atmosphäre, in der die Stadt damals – etwa zwischen 1815 und 1840 – dahinvegetierte.« So diagnostizierte Ahasver v. Brandt in zugespitzter Formulierung. Doch nun hatte man seit 1835 in den »Neuen Lübeckischen Blättern« begonnen, über eine radikale Reform der Verfassung zu diskutieren, 1842 wurde eine

Markt mit Rathaus und Marienkirche. André Durand, Lithographie, 1839

Verfassung in Auftrag gegeben, und am 8. April 1848 trat das Verfassungswerk durch Ratsbeschluss in Kraft. In Fachkreisen wusste man seit längerem von dem Reformvorhaben, eine Versammlung führender Rechtsgelehrter in Lübeck, die so genannte »Germanistenversammlung« hatte 1847 in Lübeck stattgefunden.

Doch inzwischen überschlugen sich die Zeitereignisse. Nach den blutigen Berliner Unruhen am 18. März 1848 hatte der Bundestag in Frankfurt am 30. März die Wahl zu einer konstituierenden Nationalversammlung ausgerufen. Die dort angesetzten Bestimmungen zum Wahlrecht gingen weit über das hinaus, was Lübecks Verfassung vorsah. Die Frankfurter Bestimmungen, so Gerhard Ahrens, waren so angelegt, dass etwa 23 Prozent der heute Wahlberechtigten Stimmrecht besaßen. Davon jedoch nur ein Bruchteil in Lübeck. Denn die Aprilverfassung, nach ihrer Proklamation sofort heftig umstritten, ließ nur Wähler zu, die das

Bürgerrecht besaßen und dazu wirtschaftlich selbständig tätig waren. Die »Einwohner«, immerhin Dreiviertel aller rund 25 000 Bewohner der Stadt, waren komplett ausgeschlossen, sowohl nach den Frankfurter wie nach den Lübecker Wahlregeln; in Lübeck jedoch auch alle Bürger, die nicht selbständig waren. Gewählt nach den neuen Grundsätzen wurde eine Bürgerschaft mit 120 Mitgliedern, vorgesehen war eine ständische Gliederung, Kaufleute, Krämer, Gelehrte, Gewerbetreibende, Landleute usw. sollten nach einem festen Verteilungsschlüssel Sitze erhalten. In dieser Verfassung waren die »Gewerbetreibenden« und die »Landleute«, also die Bürger des Landgebietes, stark unterrepräsentiert.

Über den Sommer verstärkten sich die Debatten in der Stadt, es gab Einwohnerversammlungen. Der Senat, gut unterrichtet über die Vorgänge und Entwicklungen in Frankfurt, beschloss eine erneute Revision der Verfassung und kam auf seine ursprüngliche Absicht zurück, ein freies und gleiches Wahlrecht zu schaffen. Die Bürgerschaft, ständisch orientiert, blieb unschlüssig. Als es am 9. Oktober zur Abstimmung über den Verfassungsentwurf kam, stimmte die Bürgerschaft für die Senatsvorlage. Eine große aufgebrachte Menge stürmte den Versammlungssaal, forderte die Schaffung eines weiteren Standes, nämlich den der Einwohner, und verlangte für diesen 20 Parlamentssitze. Die Losung des Tages hieß: allgemeine Ständewahl. Den Bürgerschaftsmitgliedern warf man Verrat vor, sie hätten ihre Positionen aufgegeben. Nun erfolgte die Stürmung jedoch zu einem Zeitpunkt, als die Entscheidung bereits gefallen war. Aus Wut und Enttäuschung besetzte man die Ausgänge des Versammlungssaales, und erst nach über fünfstündiger Belagerung gelang es der Bürgerwehr, den Zustand zu beenden. Polizeiliche Untersuchungen wurden eingeleitet, schon bald aber niedergeschlagen, man wollte Milde walten lassen. Kenner wirtschaftsgeschichtlicher Zusammenhänge haben geäußert, den Demonstranten, in der Mehrheit Handwerksgesellen, sei es in der Sache weniger um das Wahlrecht gegangen als um die Befürchtung, durch die neue Verfassung werde kurz über lang die Gewerbefreiheit eingeführt. Und von ihr befürchtete man Verschlechterungen der eigenen wirtschaftlichen Situation. Aus heutiger Sicht wäre es demzufolge leichtfertig, die Ernsthaftigkeit des Begehrens zu kritisieren.

»›Corl Smolt!‹ fing der Konsul wieder an …«. P. Rosié, Buchillustration, 1974

»Je, Herr Kunsel …«. P. Rosié, Buchillustration, 1974

## Die Lübecker Revolutionsanekdote

Der Stolz der Lübecker Stadtväter, 1848 etwas Gescheites auf den Weg gebracht zu haben, ist im Roman kurzerhand gestrichen. Ein Dienstmädchen Trine, die zukünftig im seidenen Kleid auf dem Sofa der Frau Konsulin sitzen will, deren Freund, ein »ewig blutender« Schlachtergeselle, ein dichtender Makler, der vom wilden Umsturz träumt und der Bestie ins Auge geschaut haben will, am Ende Lachen, Gejohle, Volksfest-, Fassnachtsstimmung, das sind die Zutaten einer Inszenierung, die vor allem einen Mann vor der Nachwelt auf den Podest heben will, Konsul Jean Buddenbrook. Man weiß ja seit langem, dass Thomas Mann dieser Romangestalt Züge seines väterlichen Großvaters eingeschrieben hat. In dem Lebensbericht seiner Tante Elisabeth konnte er nachlesen, die Mutter sei herzlich erschrocken gewesen über das »Volk«, das in der Mengstraße an die Tür klopfte. Aber ihr Mann, der Konsul, habe später in der Bürgerschaft mit den

Das Ebbesche Theater in der Beckergrube, Sitzungssaal der Bürgerschaft im Jahre 1848. (Am 9. Oktober tagte man ausnahmsweise in der Kirche der reformierten Gemeinde.) Unbekannter Zeichner, um 1830

Leuten geredet und sie zum Nachhausegehen bewogen. Richtig ist, dass Johann Siegmund Mann der Jüngere am fraglichen Abend als Mitglied der Bürgerschaft zwischen den Eingeschlossenen saß. Aus Polizeiprotokollen geht hervor, dass zu vorgerückter Stunde Bürgermeister Frister Einlass fand, den Belagerern die Vorzüge des Verfassungsbeschlusses erläuterte und deutlich machte, dass für ihn die Besetzung einen Rechtsbruch darstelle. Und dass ein Barbier Kochner, ein Ortsfremder, seit kurzem erst ansässig in Ritzerau, eine Art Revolutionstourist im heutigen Sinne, auf einen Stuhl kletterte und unter Hinweis auf Ereignisse in London und Paris forderte, die gefassten Beschlüsse müssten umgehend zurückgenommen werden. Doch niemand im Saal folgte ihm, und nach Bürgermeister Fristers Rede beruhigte sich die Stimmung merklich.

Es steht zu vermuten, dass der paternalistische Geist des uralten Gemeinwesens, im dem seit alters her jeder seinen richtigen, anerkannten Platz hatte, wie auf einem guten Schiff Kapitän und Mannschaft, die Oberhand behielt in der Stunde des Aufruhrs. Und aus solcher Stimmung mag die Anekdote entstanden sein, zu verstehen als konservative Gegenpropaganda, als eine Art geistige Medizin, ein Hausmittel gegen aufmüpfiges Dienstpersonal und späterhin den Sozi-

»Johann Buddenbrook hatte sich, eingedenk der Mahnung der Konsulin, neben seinem Schwiegervater gehalten und betrachtete ihn etwas besorgt …«. P. Rosié, Buchillustration, 1974

aldemokraten als Warnung. (Man muss sich dazu einen Sprecher vorstellen, der ganz heftig bei jeder Silbe über einen spitzen Stein stolpert: So-zi-al-demokraten.) In *Buddenbrooks* jedenfalls gelangt die »Rotte«, der »Haufe« nicht einmal in den Versammlungssaal, wird schon vor der Tür abgekanzelt. Bert Brecht hat einmal gesagt, das Volk wünsche nicht, tümlich zu sein. Man ist geneigt, Thomas Mann hier dabei zu ertappen, wie er seine Lübecker à la Zille volkstümlich ausmalt. Man darf aber nicht übersehen, dass Thomas Mann etwas ganz Wichtiges festhält, das eine spätere Zeit völlig aus dem Blick verlieren sollte: die Zusammengehörigkeit in der alten Stadtrepublik, man nennt das Kommunitarismus.

## Das Ende der Stadtaristokratie

Was jedoch tatsächlich in Lübeck durch die Verfassung von 1848 für immer verloren ging, war der aristokratische Kaufmannsgeist. Die Reform zog eine Reihe weiterer Neuerungen nach sich, unter anderem eine Gewaltenteilung zwischen Verwaltung und Justiz, und alle Neuerungen entzogen dem Stand der Fernhandelskaufleute ihre seit der Stadtgründung im 12. Jahrhundert verbrieften Privile-

»Am Fuße der Stufen knickte der Greis in die Knie«. S. O. Sørensen. Buchillustration, 1953

gien. Der »gemene kopman«, das war der schlichte Name für einen Status, der sich seit dem Mittelalter adelsgleich und nur dem Kaiser gehorsam wusste.

Konsul Kröger ist im Roman der Repräsentant der aussterbenden Kaste. Sein Tod, ausgelöst durch einen kleinen harmlosen Stein, vielleicht eiergroß, der in seine majestätische Kutsche geflogen kam und auf seine Brust klatschte, ist ein symbolisches Ereignis. Konsul Kröger, in dessen Anwesen vor der Stadt alles eine Nummer größer, vornehmer, reicher ist als bei Buddenbrooks, wie Tony mit Behagen feststellt, der die teuersten Geschenke macht und dessen großspurige Lebensart dem wirtschaftlich biederen Konsul Jean Buddenbrook ein beständiges Ärgernis ist, Konsul Kröger stirbt aus Wut. Er ist vital empört, er regt sich auf über die »Canaille«, die Rotte, die es wagt, ihm in den Weg zu treten und zu hindern, zum gewohnten Fünf-Uhr-Tee nach getaner Bürgerpflicht wieder zu Hause zu sein. In der Ausgestaltung solcher Charaktere zeigt sich, dass Thomas Mann sehr genau registrierte, welche Veränderungen in der Stadt seiner Herkunft in der ersten Hälfte des 19. Jahrhunderts stattgefunden hatten.

Der Platz Klingenberg im südlichen Zentrum der Stadt, in der Bildmitte das »Hotel Stadt Hamburg«, 1836

## Der Bankrott Grünlichs und der Bau der Eisenbahn

Wir notieren abschließend, was sich nach der 48er Revolution bis zum Tode von Konsul Jean Buddenbrook 1855 sowohl im Roman als auch in Lübeck zuträgt. Bendix Grünlich, ein missratenes Pastorensöhnchen, gebürtig aus Lübecks Landgebiet, gibt in Hamburg den modernen Kaufmann. Sein Geschäft, so heißt es anfangs im Erzähltext, sei »ein notorisch reges«. Durchaus konform mit der Leitparole des französischen Bürgerkönigs Louis Philippe, die da lautete: »Enrichêz vous!«, bereichert Grünlich sich an Tony Buddenbrooks Erbe. Doch nicht etwa, um ein Geschäft großen Stils aufzuziehen, sondern um seine kläglichen Schulden abzustottern. Konsul Buddenbrook, der da geglaubt hatte, für Familie und Firma einen guten Fang gemacht zu haben, war einem ›Windhund‹ auf den Leim gegangen. Grünlichs Geschäftsbücher, einst der Gattin gepriesen mit dem Ausruf: »Zum Einrahmen!«, erweisen sich als gefälscht. Im Romanverlauf kurz nach der Revolution wird abgerechnet, Grünlich ist bankrott. Es folgen Tonys Rückkehr ins Elternhaus und die Scheidung.

An dieser Romanstelle bleibt unerwähnt, was sich zwischen 1848 und 1855 in der Stadt an bedeutenden Veränderungen zutrug. Rund hundert Seiten spä-

Erster Bahnhof (1851) mit Vorplatz und Holstentor, ca. 1860

ter, beim Morgengeplauder Thomas Buddenbrooks mit seinem Barbier, Herrn Wenzel, im Jahre 1858, werden die Ereignisse – sachlich präzise wie aus einem Geschichtsbuch entlehnt – nachgereicht, die sich damals in der Stadt ereignet hatten. Der Lübeck-Kenner bekommt also die entscheidenden Stichworte, die er braucht, um sich zu orientieren, er weiß den Roman im historischen Zeitgeschehen verankert.

Zunächst kam die Verfassungsreform 1848, dann eine Verwaltungsreform 1852, die Gewaltenteilung einführte, und, parallel dazu, geschah das Hauptereignis, der Bau der Eisenbahn. Ein englisches Firmenkonsortium hatte bereits 1834 angeboten, zwischen Hamburg und Lübeck eine Verbindung herzustellen, die erste Bahnverbindung auf dem europäischen Festlande wäre es geworden. Dänemark erhob Einspruch, taktierte zugunsten von Altona, damals eine dänische Stadt vor den Toren Hamburgs. Schließlich rangen die Großmächte Schweden und Russland 1847 den cleveren Dänen eine Zusage ab. Nicht nach Hamburg, sondern nach Büchen durften Schienen verlegt werden. Büchen ist ein Landstädtchen auf der Strecke von Hamburg nach Berlin. Das bedeutete für den Kaufmann Umwege, Zeitverzögerungen. Trotzdem: es war ein Anfang, 1851

Hafen mit Eisenbahn, gesehen von der Roddenkoppel

fand Lübeck wirtschaftlichen Anschluss. Bald kamen neue Strecken hinzu, auch die nach Hamburg. Der Hafenausbau begann, die Travevertiefung, es begann ein Aufstieg, der um 1900 gefeiert wurde wie ein kleines Wunder. Der moderne Umbau Lübecks nahm in diesen Jahren feste Gestalt an.

## Das Ende des Zeitromans

Bis zu Jean Buddenbrooks jähem Herztod an einem schwülen Sonntagnachmittag des Sommers 1855 läßt sich das Bild Lübecks im Roman mit dem Wissen um das geschichtliche Lübeck stimmig verknüpfen. Wenn z. B. Thomas Buddenbrook seinem Barbier erzählt, sein Vater habe maßgebend mitgewirkt beim Bau der Eisenbahn, dann wusste jeder Kenner der Geschichte Lübecks, da ist von Johann Siegmund Mann dem Jüngeren die Rede, Thomas Manns Großvater. Die Hauptfiguren agieren gleichsam als Repräsentanten von herrschenden Zeitströmungen, seien sie Träger von Einstellungen und Haltungen, seien sie Handelnde. Die stimmige Korrespondenz betrifft indes nur ein knappes erstes Drittel des Erzähltextes. Dann ändert sich der Stadtbezug grundlegend. Ein Beispiel

Dampfschiffhafen, um 1860

für viele sei genannt: Thomas Buddenbrook erwähnt gegenüber seinem Barbier, auch die Vorstädte entwickelten sich prächtig. Das hätte Thomas Manns Vater mit Fug und Recht 1890 behaupten können, nicht aber Thomas Buddenbrook 1858. Die rechtliche Grundlage für eine Vorstadtentwicklung wurde erst 1864 geschaffen mit der Abschaffung des Zwanges, innerhalb der Stadtmauern fest zu siedeln. Was sollte man davon halten als Leser in Lübeck? Denn dieser Thomas Buddenbrook im Roman trug doch im Übrigen so viele Züge des Dichter-Vaters! Manches, sogar vieles erinnerte an ihn: Getreidegroßhändler, Senator, protziges Wohnhaus, alles richtig. Wer es genau nahm, konnte, ja, musste verzweifeln.

Im umfangreicheren Teil des Romans, der Thomas Buddenbrook und seinem Sohn Hanno gewidmet ist, emanzipiert sich die Stadt der Buddenbrooks vom geschichtlichen Lübeck. Was in das Zeitgefüge des Romans in die Jahre

»Partie an der Trave vor dem Burgtor«. Bleistiftzeichnung, nach 1860

zwischen 1855 und 1877 eingebettet wird, besitzt keinen Zeugnischarakter mehr. Thomas Mann beginnt ein Spiel mit der Zeitstruktur, mit Ereignissen, Daten. Ich möchte es so formulieren. Bis 1855 entwickelt sich ein lebendiges Stadtbild, dann erstarrt es. Was in Lübeck historisch danach kam, findet keinen Einlass mehr. Thomas Mann schließt die Tore. Wer sich im Lübeck der zweiten Jahrhunderthälfte auskennt, findet hier und da Anklänge, Bruchstücke von Fakten von Zuständen, mehr nicht. Die Zeitstruktur im Roman, die Chronik der Romanfamilie, bleibt in sich stimmig. Der Bezug zur geschichtlichen Zeit wird radikal verändert: der Autor mischt von dem Augenblick an, wo Thomas Buddenbrook die Firma übernimmt, Vergangenes, Erfahrenes und Erlebtes. Was im Roman in der Zeit spielt von 1855 bis 1877, birgt in sich Ereignisse aus zwei Zeiten, der Zeit vor Thomas Manns Geburt und der Zeit seiner Jugend bis 1894. Der Lübeckbezug wird absichtsvoll verdunkelt, verwischt. Thomas Buddenbrook, seine Frau Gerda, Hanno, ja sogar Christian Buddenbrook, sie alle sind phantastische Mischwesen. Und was zwischen ihnen geschieht, geschieht wie auf einer Bühne vor einem statischen Stadtpanorama. Aber auch das wäre noch kein wirklich guter Vergleich. Mit dem Jahre 1855 beginnt eine Darstellung Lü-

Segelschiffe an der Untertrave. August Godknecht, Öl auf Leinwand, um 1850/60

becks als einer Stadt, die beraubt ist um alles, was jede Stadt für Einwohner und Besucher interessant und liebenswert macht: wirtschaftliche, soziale und kulturelle Entwicklungen, Artikulationen der Künste, der Wissenschaften, des freien philosophierenden Denkens. Keine Spur von dem, was die wirklichen Lübecker taten, was sie bewegte, was sie begeisterte. Was von nun an in *Buddenbrooks* vor uns ausgebreitet wird, ist als Stadtbild eine düstere Phantasmagorie.

Thomas Mann im Lübecker Rathaus, Mai 1955

Bildillustrationen aus der »Nana« von Émile Zola, 1882

Manfred Eickhölter

# Ein Lübecker wird Autor von Weltgeltung

## Thomas Mann und Lübeck

Rathaus zu Lübeck, 20. Mai 1955, Thomas Mann wird zum Ehrenbürger ernannt. Er sitzt im Audienzsaal in einem der Sessel, auf denen auch sein Vater als Senator saß, hört die Ansprachen, hält eine launige, fast übermütige Dankesrede. Der Autor von Weltgeltung, der seine gewichtige Stimme in die politischen Debatten der Zeit des geteilten Deutschlands einbringt, der in der DDR spricht und in der Bundesrepublik, der bewusst nicht nach Deutschland zurückgekehrt ist, sondern in der Schweiz lebt, er hält im Lübecker Rathaus eine Art öffentlicher Zwiesprache mit seinem Vater, gibt sich als der Sohn, aus dem wider Erwarten doch noch etwas Vorzeigbares geworden ist, der auf seine Weise dem Namen der Familie Gutes hinzugefügt hat. Thomas Mann ist fein gekleidet und er spricht gesetzt wie ein gewiefter Diplomat, muss es auch, denn bis auf

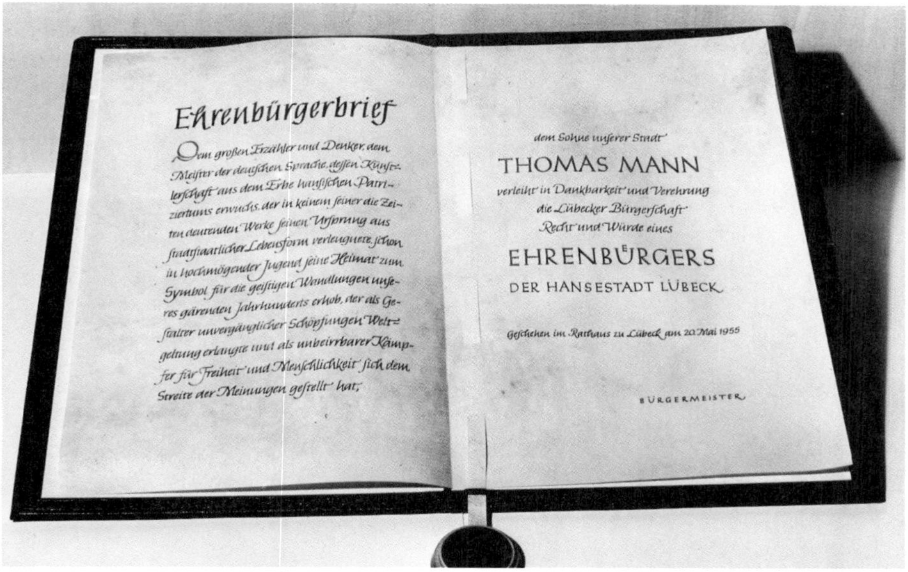

Ehrenbürgerbrief für Thomas Mann, ausgestellt auf den 20. Mai 1955

eine Handvoll Freunde im Audienzsaal und in der Stadt ist im Mai 1955 fast jeder gegen ihn eingenommen. Wie schrieb doch einer der Kritiker der *Lübeckischen Blätter,* der im Dritten Reich die Spalten der einstmals aufklärenden Zeitschrift füllen und nach 1945 unbehelligt weiter schreiben durfte, so ungemein treffend aus vergleichbarem Anlass: »Zwischen Thomas Mann und uns ist eine gewisse Entfremdung eingetreten.« An wen mag Thomas Mann gedacht haben, als er da saß? Sicher an den Vater. Und wie er (auch) an ihn dachte, das sagt recht deutlich ein Hinweis in seiner Dankesrede. Die *Nana* des Émile Zola, den frivolen Skandalroman der 1880er Jahre, soll der Vater heimlich in Travemünde am Strand gelesen haben. Nun, mündliche Überlieferung in Lübeck will wissen, Senator Mann habe einst manche »Lorette« am Stadttheater verehrt.

Doch zurück zur Gegenwart am 20. Mai 1955. Nachdem die Bürgerschaft dem Vorschlag des Senats, Thomas Mann die Ehrenbürgerwürde zu verleihen, einstimmig dergestalt gefolgt war, dass die knappere Hälfte der Bürgerschaftsmitglieder zur Abstimmung nicht erschien, einigte man sich auf einen Festablauf, der betitelt werden könnte: eine reine Familienfeier. Thomas Mann gab sich als Sohn der Stadt, Bürgermeister Otto Passarge als Stadtvater. Einig war man sich

Thomas Mann zu Besuch in Lübeck aus Anlass der 700-Jahrfeier der Reichsfreiheit 1926

Thomas Mann empfängt den Ehrenbürgerbrief von Bürgermeister Otto Passarge, 20. Mai 1955

in zwei Punkten: erstens, der Roman *Buddenbrooks* ist ein Lübeck-Roman von hohem Kunstwert, und zweitens, der Autor blieb seinem Wesen nach ein Lübecker, was immer auch von ihm nach *Buddenbrooks* noch geschrieben wurde. Warum erzählen wir das hier?

Es gehört zu den festen Selbstinszenierungsritualen Thomas Manns, als Lübecker Bürger aufzutreten, mehr noch, seine Bürgerlichkeit als Künstler zu reflektieren, Künstler und Bürger voneinander abzugrenzen, aufeinander zu beziehen. In seinen Werken, seinen Reden und in seinem Habitus lassen sich die ineinander geflochtenen Bezüge zurückverfolgen. Erinnert sei nur an die Stadt Kaisersaschern im Deutschland-Roman *Doktor Faustus* von 1947. Kaisersaschern gibt sich als Lübeck zu erkennen. Erinnert sei an die Rede von Thomas Mann aus dem Jahre 1926, in der er seine Art, *Buddenbrooks* zu schreiben, gleichsetzt mit »Lübeck als geistige Lebensform«. Erinnert sei an den Künstler Tonio Kröger aus Lübeck, der von seiner Freundin Lisaweta als verirrter Bürger bezeichnet wird. Das war 1903. Zu der Zeit, als diese Novelle im Druck erschien, waren Thomas Manns Äußerungen zu Lübeck und zu *Buddenbrooks* sehr uneinheit-

Thomas Mann, Frau Katia und Bürgermeister Passarge verlassen das Rathaus nach der Ehrenbürgerernennung

lich. Einmal schreibt er, die Stadt sei ihm sehr fern gewesen, als er den Roman begann. Dann wieder betont er, eine Stadt, über die man einen tausend Seiten langen Roman schreibe, könne einem so gleichgültig denn wohl doch nicht sein. Auf der einen Seite erklärt er vor aller Welt, sich auf Shakespeare und Goethe berufend, wenn er »aus einer Sache einen Satz gemacht habe, was denn wohl der Satz mit der Sache zu tun habe«. Und führte gleichzeitig seit den ersten Tagen der Romankonzipierung eine Liste derjenigen Personen in Lübeck, an denen er »Rache« zu nehmen gedachte.

Was aber wissen wir, was weiß die Forschung über den jungen Thomas Mann, seine Kindheit und Jugend, seine Familie in Lübeck? Seit gut einem Jahrzehnt versucht ein Forschungs-Team im Umfeld des Buddenbrookhauses, Licht in diese frühe Zeit zwischen 1870 und 1900 zu bringen. Eine unglaubliche Fülle an Materialien ist schon zutage getreten. Bei einigen Themen ist mit dem Suchen in den Archiven noch gar nicht begonnen. Man schaut auf die ›Realien‹, also die Informationen, man vergleicht diese mit den einschlägigen Romanstellen in *Buddenbrooks* und findet heraus: Thomas Mann macht mit seinen Geschichtsinfor-

»Aber mit Hanno war es zu Ende …«. P. Rosié, Buchillustration, 1974

»Hanno saß ganz still, die kleinen Hände um seine Knie gefaltet …«. P. Rosié, Buchillustration, 1974

mationen, seien sie nun städtisch oder familiär, was er will. Er baut um, er kürzt, er streicht. Immer deutlicher lässt sich erkennen: die letzten 22 Jahre der Familie Buddenbrook, die Zeit zwischen 1855 und 1877, sind ziemlich frei erfunden. Der Text ist überbordend reich an Partikeln, die sich auf Städtisches, auf Familiäres beziehen lassen, ohne Zweifel, und doch gilt gleichzeitig: über die wirkliche Stadt und die wirkliche Familie Mann erfahren wir aus dem Roman (fast) nichts. Es ist daher ein Irrtum zu glauben, man müsse nur *Buddenbrooks* gründlich studieren, dann wisse man, wie es im Lübeck Thomas Manns zugegangen sei. An einigen Beispielen soll im Folgenden der Abstand zwischen ›Welt‹ und Roman kenntlich gemacht werden.

## Thomas Mann und Hanno Buddenbrook

Wir beginnen mit der Person, über die wir bislang noch immer am wenigsten wissen, die sich noch immer wie hinter einem Schleier verbirgt. In vielen der Schlüssellisten zum Roman, die in Lübeck massenhaft kursierten und getragen waren von der Vorstellung, jeder Figur ließe sich eine leibhaftige Person zuordnen, steht hinter dem Namen »Hanno« Thomas Mann. Nichts kann die Ratlosigkeit gegenüber dem Roman treffender kenntlich machen als diese Gleichsetzung. Denn: wäre Thomas Mann eine Art Hanno gewesen, gäbe es *Budden-*

»Warum hatte er so gar keine Fühlung mit seinen Klassen- und Altersgenossen ...«.

»Ungeheuerlich wäre es gewesen ...«.
P. Rosié, Buchillustrationen, 1974

*brooks* nicht. Das körperlich und seelisch dürftig ausgestattete Kind, das sich von Geburt an siech durchs Leben schleppt, das ungeliebt und überfordert unter den harten Augen seiner künstlerisch dilettierenden Mutter am Piano ein wenig Improvisieren lernt, dieser Hanno ist seinem Wesen nach ein Geschöpf des Künstlers Thomas Mann. Nun sagt uns zwar auch keine Geschichtsquelle, Thomas Mann und sein Bruder Heinrich seien physiognomisch den breitschultrig gebauten, keiner Rauferei aus dem Weg gehenden jungen Hagenströms im Roman ähnlich gewesen, die im Schwimmbad Hanno und Kai Graf Mölln necken und quälen. Aber wir dürfen sie uns doch als muntere, kerngesunde Jünglinge vorstellen. Wir bleiben bei Thomas. Dass er die Sommer in Travemünde als die schönste Zeit seiner Kindheit pries, weiß man seit langem. Es war und blieb eine Liebe fürs Leben. Etwas von dieser großen Liebe hat auch die Romanfigur Hanno eingehaucht bekommen, ohne Zweifel. Thomas Mann schrieb als Junge Theaterstücke und führte sie mit seinen jüngeren Geschwistern auf, eines war betitelt: »Mich könnt ihr nicht vergiften.« Jahrelang gefiel er sich in der Rolle eines wahrhaftigen Prinzen, wachte morgens auf und benahm sich den ganzen Tag über wie ein Wesen von königlich-herrschaftlichem Geblüt und Stand. Vorstellbar, dass er mit seinen Schulfreunden im Gymnasium Hofstaat hielt. Fe-

»Herr Stengel, aus dessen Westentasche stets ein halbes Dutzend ...«. P. Rosié, Buchillustration, 1974

lix Neumann erinnerte sich später, wie er und Otto Grautoff mit dem gerade gewachsenen, sich herrenmäßig gemächlich bewegenden Thomas Mann in der Mitte über den Schulhof gewandelt seien, Mitschüler und Lehrer aus erhabener Distanz taxierend. Da gab es auch ein Talent zum Beschreiben, eine Person, eine Situation mit wenigen Worten treffend einzufangen. Das Talent wurde vom Vater gefördert. Der pflegte wohl auch gern zu erzählen, aber wenn er mit dem kleinen Tommy von einem gemeinsamen Erlebnis zurückkehrte, unterbrach er sich beim Erzählen gelegentlich mit den Worten: »Das muss Tommy weitererzählen, der kann das besser als ich.« Das hatten wohl auch Thomas Manns Lehrer herausgefunden. Einmal soll der Senatorensohn in der Pause von einem Lehrer unbemerkt dabei beobachtet worden sein, wie er den Klassenkameraden bei offener Tür just diesen Lehrer mit Worten und Gesten nachahmte. Man denke dabei an die Begabung des jungen Christian Buddenbrook im Roman, an jene Szene, wo er Marcellus Stengel nachahmt: »›Äußerlich, mein gutes Kind, äußerlich bist du glatt und geleckt, ja, aber innerlich, mein gutes Kind, da bist du schwarz ...‹ Und dies sagte er unter Weglassung des ›r‹ und indem er ›schwarz‹ wie ›swärz‹ aussprach – mit einem Gesicht, in dem sich der Unwille über diese ›äußeliche‹ Glätte und Gelecktheit mit einer so überzeugenden Komik malte, daß alles in Gelächter ausbrach.« Irgendwann unterbrach der Lehrer das Spiel dann doch, aber mit welchen Worten? Er soll gesagt haben: »Herr Mann, das müssen Sie mir jetzt aber bitte aufschreiben, zu köstlich!« Was wären *Buddenbrooks* für die

»Eines Tages hatte er verlangt ...«. P. Rosié, Buchillustration, 1974

Leser ohne diese Gabe? Die Charakterisierung von gut 420 Personen und Personengruppen macht manche traurige Stunde im kurzen Leben des armen Hanno erträglicher. Zeugnisse aus späteren Jahren bekunden, Thomas Mann sei kein Mann des Dialogs, des Gesprächs gewesen, weder witzig noch galant oder gar schlagfertig. Wie soll man ihn sich da als Kind, als Jungen vorstellen? Verstockt würde man wohl sagen oder maulfaul. Doch er verstand sich zu wehren. Er und sein Bruder Heinrich fanden noch in späteren Jahren während der gemeinsamen Reisen in Italien ein großes Vergnügen darin, zu gippern, was heißen soll, sich boshaft über Lübeck lustig zu machen.

## Senator Mann und Thomas Buddenbrook

Thomas Buddenbrook, so der Dichter der *Buddenbrooks*, sei ihm mystisch dreifach verwandt, Vater, er selbst und frei erfundene Gestalt. An anderer Stelle schreibt Thomas Mann, vom Vater habe er »des Lebens ernstes Führen«. Das glauben wir ihm gerne, doch selbst wenn die Figur ein Amalgam ist, so bedeutet dieses nicht, dass Thomas Mann in *Buddenbrooks* ein Porträt seines Vaters hinterlassen habe. Im Gegenteil, vieles von dem, was der Vater getan, geschaffen, was ihn ausgemacht hatte als Mensch, konnte der Romanverfasser nicht gebrauchen für seine Figur. Wie weit Roman und Wirklichkeit sich voneinander entfernen, soll an einigen Beispielen verdeutlicht werden.

Thomas Johann Heinrich Mann, um 1865

Thomas Johann Heinrich Mann, um 1873

Am 1. Januar 1863 übernimmt der 22-jährige Thomas Johann Heinrich Mann, der in England das Kaufmannsgewerbe erlernt hatte, die väterliche Firma. Ein detailliertes Geschäftsjournal für den Zeitraum 1859 bis 1875 gibt zu erkennen, dass der Kapitalstand der Firma sich in 16 Jahren mehr als verdreifachte. Im Durchschnitt wuchsen die Rücklagen jährlich um gut vier Prozent. Außergewöhnlichen Zuwachs gab es durch zwei Erbschaften. Sie brachten mehr als 250 000 Courantmark. Der letzte im Journal eingetragene Kapitalstand weist einen Betrag von rund 650 000 Mark aus. Als Thomas Manns Vater 1891 stirbt, errechnet sein Testamentsvollstrecker Krafft Tesdorff einen Überschuss von gut 350 000 Mark. Hinter diesen Zahlen sind Abgänge, sind Verluste zu vermuten. Tatsächlich lässt sich aus den Notariatsmaterialien der Hausanwälte von Senator Mann, Peacock und Lindenberg, einiges von Interesse herauslesen. Thomas Johann Heinrich Mann investierte in den frühen Jahren der Gründerzeit im gro-

Nordwestliches Lübeck an der Untertrave, im Vordergrund Holzlager, in der Häuserzeile am Ufer etwa bildmittig das 1872/73 neu errichtete ›Speicherhochhaus‹ der Firma Mann, um 1880

ßen Stil. 1872/73, also kurz nach der Reichsgründung, baute er an der Untertrave, also am Seehafen, einen gigantischen Getreidespeicher, man sprach damals, als die niedrigen Umgebungsbauten noch standen, von einem Speicherhochhaus. Er tat aber noch anderes, weitaus Moderneres, er wurde Banker. Der beginnende wirtschaftliche Aufschwung in Lübeck ging unter anderem einher mit der Gründung von Banken. Thomas Manns Großvater hatte bereits 1856 die solide Lübecker Privatbank mit gegründet. Eine reine Kaufmannsbank, die dem Fernhändler Vorschüsse auf fest verabredete Verträge einräumte. Thomas Manns Vater ging neue, riskantere Wege. Er saß im Aufsichtsrat der ebenfalls neu gegründeten Commerzbank und wurde später Aufsichtsratsvorsitzender der Lübecker Bank, einer hundertprozentigen Tochter der Commerzbank. Diese Lübecker Bank setzte auf raschen Kapitalzuwachs und investierte in Industriegründungen im In- und Ausland. Ihr Motto lautete: »Unser Feld ist die Welt.« 1874/75 kam es zur Krise. Man war einem windigen Spekulanten aufgesessen. Der Zusammenbruch drohte. In Berliner Börsenkreisen wurde die Forderung nach Schließung der Bank erhoben. In der Presse gab es beinahe täglich Berichte. Erboste Akti-

Das Verwaltungsgebäude der Lübecker Commerzbank, gleichzeitig Sitz der Lübecker Bank, um 1865

Mittelalterliche Fachwerkbauten im Zentrum der Stadt, niedergelegt im Zuge von Modernisierungen der Verkehrswege zwischen 1885 und 1895

onäre kündigten eine Gegenveranstaltung zur offiziellen Jahreshauptversammlung an. Schuldige wurden gesucht und benannt. Ein Name blieb erstaunlicherweise unbefleckt, der des Aufsichtsratsvorsitzenden, damals ausgestattet mit den Rechten und Pflichten heutiger Vorstandsvorsitzender, Thomas Johann Heinrich Mann. In der Presse las man beschwichtigend, die Bank brauche vermutlich nicht geschlossen zu werden, es gebe eine Lübecker Lösung. Was genau geschah, wissen wir noch nicht, werden es vielleicht nie mehr gänzlich klären können. Doch die Notariatsunterlagen der Hausanwälte lassen einiges von Gewicht erkennen. In den Jahren 1874/75 erwarb Konsul Mann große Mengen Aktien der Lübecker Bank. Deren Erwerbskosten tauchen in den Folgejahren in Form von Gegenwerten nicht wieder auf, obwohl der Aktienbesitz bereits ein Jahr später dramatisch gesunken ist.

Heinrich Mann, der ältere Bruder, macht in seinen Erzählungen Andeutungen. Eines Tages, er, 1871 geboren, war etwa vier, fünf Jahre alt, sei der Vater nach Hause gekommen, habe den Kopf in die Hände versenkt und über Verluste geredet, die ihn und andere hart getroffen hätten, so in der Novelle *Das Kind*, 1929.

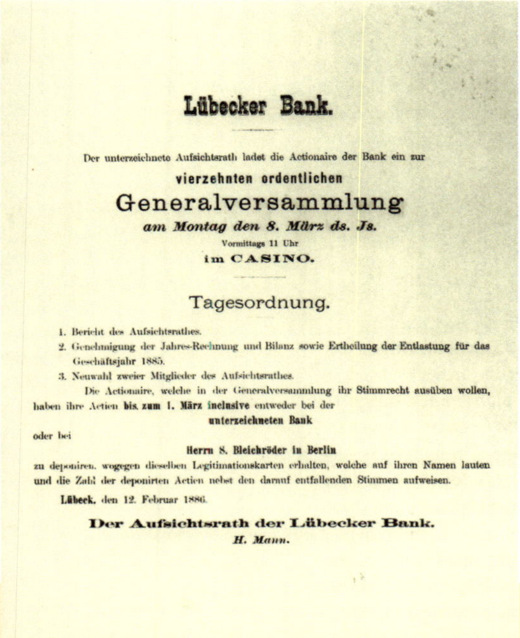

**Lübecker Bank.**

Der unterzeichnete Aufsichtsrath ladet die Actionaire der Bank ein zur

**vierzehnten ordentlichen**

**Generalversammlung**

***am Montag den 8. März ds. Js.***

Vormittags 11 Uhr

**im CASINO.**

Tagesordnung.

1. Bericht des Aufsichtsrathes.
2. Genehmigung der Jahres-Rechnung und Bilanz sowie Ertheilung der Entlastung für das Geschäftsjahr 1885.
3. Neuwahl zweier Mitglieder des Aufsichtsrathes.

Die Actionaire, welche in der Generalversammlung ihr Stimmrecht ausüben wollen, haben ihre Actien **bis zum 1. März inclusive** entweder bei der

**unterzeichneten Bank**

oder bei

**Herrn S. Bleichröder in Berlin**

zu deponiren, wogegen dieselben Legitimationskarten erhalten, welche auf ihren Namen lauten und die Zahl der deponirten Actien nebst den darauf entfallenden Stimmen aufweisen.

**Lübeck**, den 12. Februar 1886.

**Der Aufsichtsrath der Lübecker Bank.**

***H. Mann.***

Einladung zur Generalversammlung der Lübecker Bank, unterzeichnet für den Aufsichtsrat von »H. Mann«, 1886

Porträt von T. J. H. Mann im Senatsalbum aus dem Jahre 1877

Und im Roman *Eugenie oder Die Bürgerzeit*, der im Lübeck der Jahre 1873–75 spielt, reißt Konsul West seine Geschäftspartner mit in eine schwere Finanzkrise, weil er auf den Spekulanten Piedohn hereinfällt. Wird dann aber vom Bürgermeister gerettet, weil er sein Vermögen zugunsten seiner Partner opfert. Konsul West ist unschwer als Abbild des Vaters der Dichterbrüder zu erkennen. Diese Andeutungen bei Heinrich Mann fügen sich nahtlos in die Informationen aus den Lübecker Archiven. Und wie in Heinrichs Roman endet auch in Lübeck die Krise mit glimpflichem Ausgang. 1876/77 tritt der noch junge, frisch und auf Lebenszeit in den Senat gewählte Wilhelm Minlos, ein Geschäftspartner von Konsul Mann, von seinem Amt zurück, angeblich aus Krankheitsgründen; für ihn wird Thomas Johann Heinrich Mann zum Senator gewählt. Zu seiner Kandidatur gab es, so liest man in der Tagespresse, aus Kreisen der Kaufmannschaft keinen Gegenkandidaten.

Folgendes Szenario erlauben unsere Quellen: Konsul Mann, der Hauptverantwortliche, kaufte im Moment der Krise 1000 Aktien zum Nominalwert und schrieb davon 800 ab. Die Bank erhielt neue Liquidität im Werte von rund 240 000 Mark und konnte sich stabilisieren. Beträge, über deren Höhe wir heute

»… stieg um Mitternacht leise ins Kontor«.
P. Rosié, Buchillustration, 1974

lächeln, aber man darf nicht vergessen, sie um ein Vielfaches zu multiplizieren, damit sie vergleichbar werden.

Von all dem erfahren die Leser des Romans *Buddenbrooks* kein Sterbenswörtchen. Solche atemberaubenden Geschichten, wie sie das Leben im modernen Lübeck mehr als nur einmal schrieb, eigneten sich nicht für das, was Thomas Mann zu erzählen hatte. Erstaunlich und noch immer rätselhaft bleibt indes das Folgende: der Verfall des überaus ehrgeizigen Thomas Buddenbrook, dem ohne Angabe von handfesten, also wirtschaftlichen Gründen erst die Kräfte versiegen und dann die Fortune abhanden kommt, vollzieht sich im Roman genau in jenem Zeitraum, als Thomas Manns Vater als ›junger Wilder‹ agierte, stolperte und sich wieder fing. Unter der Chronik der Familie Buddenbrook wird für uns ganz allmählich nach gut einhundert Jahren eine zweite Chronik lesbar, die damals nur die Eingeweihten zu deuten wussten, die allerengsten Mitglieder der Familie und ehemalige Geschäftsfreunde.

## Thomas Buddenbrook als Denkmalschützer

Ein zweites städtisches und zugleich familiäres Ereignis, das sich im Roman spiegelt, ist die Senatswahl. Im Roman fällt die Wahl in das Jahr 1863. Ausführlich wird das Lübecker Wahlreglement der Zeit ausgebreitet, dann skizziert Thomas Mann die politischen Profile der beiden Kandidaten, Thomas Budden-

Abbruch des äußeren Holstentores, 1853/54

brook und Hermann Hagenström. Es geht im Text nicht um deren konkrete Projekte, es geht um Haltungen, Einstellungen, eine Art Eignungsprofil, wer von beiden für die Zukunft der Stadt der Bessere, Tauglichere sein mag. Gradmesser ist erstaunlicherweise die Haltung zu den mittelalterlichen Bauwerken, zur Denkmalpflege. Thomas Buddenbrook vereinigt in seiner Person Tradition und Modernität. Einerseits von unzweifelhaft gutem Herkommen – man ehrte in seiner Person Vater und Großvater, sagt der Roman –, andererseits literarisch gebildet auf der Höhe der Zeit und verheiratet mit einer atemraubend schönen Frau. Konsul Buddenbrook traut man zu, die Bürgerschaft dazu zu bewegen, eine größere Summe Geldes für die Erhaltung der mittelalterlichen Bauwerke zu bewilligen. Hagenström ist reicher, etwas unsolide verheiratet mit einer Frau jüdischer Herkunft – der Erzähler äußert seinen Antisemitismus vornehm zurückhaltend –, vor allem aber ist Hagenström liberal. Das meint hier insbesondere sachlich und nüchtern im Umgang mit dem Althergebrachten, er ist unbeeinflusst von überflüssigen, störenden Traditionsbindungen. Er bewohnt ein modernes, funktionales Haus und war einer der Ersten in der Stadt, der in seinem Hause Gasbeleuchtung einführte. Hermann Hagenström, so will es

Markt mit Marienkirche und Rathaus, im Vordergrund die Baugrube für die preußische Post.
C. Weidmann, Öl auf Leinwand, 1882

der Erzähler wissen, hält nichts von Denkmalpflege. Wie die Entscheidung im Roman ausfällt, wissen wir, nicht der alte Hermann Kurz aus der Beckergrube wird es, der seit Jahrzehnten vergeblich darauf wartet, dass der Ratsbote bei ihm an der Tür läutet, auch nicht Hein Seehas, der ewig und immer Betrunkene, der in der Stadt Dampfbrot ausfährt, sondern Thomas Buddenbrook, ganz so, wie Tony es für den Bruder erträumt hat.

Was Thomas Mann da auf das Jahr 1863 erzählt, hat indes nicht wenig zu tun mit der städtischen Gemengelage in jenen Jahren. Die Gegenüberstellung Buddenbrook kontra Hagenström trifft in das Zentrum einer hochbrisanten Lübecker Stadtentwicklungsdebatte. 1863 entschied die Bürgerschaft, das so genannte »Innere Holstentor« nicht abzureißen. Die Stadt besaß eine Zeitlang nach Westen hin drei Tore. Für den Bau der Eisenbahntrasse war um 1850 das mittlere Tor abgebrochen worden. Das innere Tor, jahrhundertelang verdeckt, beeindruckte nun alle Welt als spätmittelalterliches Bauwerk. Es ist ja tatsächlich als erhaltener Fortifikationsbau der Zeit um 1470 eine in Deutschland singuläre Erscheinung. Es war aber stark verfallen. Der Senat votierte für die Sanierung,

Westliche Marktseite mit Postgebäude, um 1885

die Bürgerschaft stemmte sich dagegen. Die dramatische Aktion, die zu seinem Erhalt führte, zählt heute zu den geheiligten Legenden der Lübecker Denkmalentwicklung.

Thomas Manns Romanheld, der zukünftige Senator Buddenbrook, wäre demnach als ein Mann mit Weitblick einzuschätzen. Wie aber stand es mit seinem Vater, der 1877 zum Senator gewählt wurde? Was der ›junge Wilde‹ 1863 gedacht hat, entzieht sich unserer Kenntnis. Wenn aber jemand fünfzehn Jahre später als liberal, sachlich, nüchtern, unbekümmert um alte Werte und Traditionen galt, dann war es Thomas Manns Vater. Der hatte keinen echten Gegenkandidaten, man erwog lediglich vorsichtig und halbherzig, ob es nicht an der Zeit sei, einen Mann aus dem Kreis der »Gewerbetreibenden« zu wählen. Natürlich war damit kein Handwerker gemeint, sondern ein Industrieller. Kurz nach der Wahl Konsul Manns zum Senator setzte in Lübeck die Baukonjunktur ein und mit ihr deutlich verschärfte Debatten über erhaltenswerte Denkmäler und Denkmalpflege. Und diese Debatte wurde im Elternhaus Thomas Manns

Das Gymnasium »Katharineum« in der Königstraße mit neuromanischen Giebeln der Zeit um 1835, links die Katharinenkirche des ehemaligen Franziskanerklosters

geführt. Denn Senator Mann war maßgeblich beteiligt an der entscheidenden Änderung der Bauordnung im Jahre 1881. Lübeck streifte sein jahrhundertealtes Nachbarschaftsrecht, seine Bau- und seine Raumnutzungsordnung fast komplett ab. Jeder konnte von nun an auf seiner Liegenschaft und mit seinen Gebäuden fast alles machen, vor allem aber eins: mit seinen Immobilien spekulieren und schnell zu leicht verdientem Geld kommen.

Unser Roman folgt einer anderen, der Logik seiner eigenen, immanenten Wirklichkeitsstruktur. Thomas Buddenbrook ist wirtschaftlich und mental noch ein Kind seines Vaters, seines Großvaters, ist trotz mancher moderner Attitüde ein Kaufmann vom alten Schlage, der langsam degeneriert zum Krämer. Thomas Buddenbrook ist der Repräsentant einer Stadtentwicklungsutopie, wie sie um 1860 tatsächlich auch in Lübeck erträumt worden ist: Man bleibt, was man immer war und passt sich trotzdem gut, wenn nicht besser ans Neue an. Um 1890, zu Thomas Manns Jugendzeit, war dieser Traum, zumindest für Weitsichtige, ausgeträumt. Die alten Lübecker Handelshäuser stagnierten, was mächtig ins Rollen kam, waren die neuen Gewerbe, Dienstleistungen, Industriebetriebe. Unbeantwortet muss bleiben, wie Thomas Mann selbst die Debatte um den Erhalt der Stadt einschätzte. Dass er ihr Gewicht beimaß, belegt der Roman. Was

Schulneubau, links die Katharinenkirche, 1888/90

mag in ihm vorgegangen sein, wenn er als Junge an einem der vielen Bauzäune stand und staunte, am Markt zum Beispiel, wo man den mittelalterlichen Westriegel mit seinen vielen bunten Kramläden, Werkstätten, Gassen und Gässchen 1882 kurzerhand wegrasierte, um eine mächtige neugotische Post zu errichten? Wo war er, als ein Großteil des Katharinenklosters aus dem 14. Jahrhundert weggebrochen wurde zugunsten einer preußischen Erziehungsanstalt? Und ging er 1893/94 nicht täglich an der Großbaustelle in der Burgstraße vorbei, als man das Burgkloster von 1227 abräumte zugunsten eines himmelstürmenden Justizpalastes, der alle umgebenden Maßstäbe sprengt? Heute wissen wir, der größere Teil des alten Lübeck wurde nicht vom Zweiten Weltkrieg und vom »Wiederaufbau« hinweggerafft, sondern von den modernitätssüchtigen Stadtbewohnern selbst. Bis 1914 riss man ein Viertel der Altstadtgebäude ab oder überbaute sie bis zur Unkenntlichkeit. Und die erste Hochphase dieser Entwicklung fällt in Thomas Manns Jugend.

Burgkloster und Marstall. C. A. H. Meier, lavierte Federzeichnung, 1827

## Der Bau des neuen Hauses

Thomas Buddenbrook beschließt, ein neues Haus zu bauen. Er fühlt sich müde, erschöpft. Er baut es nicht aus vitalem Übermut, aus sprudelnder Lebensfreude, sondern in der Hoffnung, zu neuer Frische, zu neuem Schwung zu finden. Das Haus, das der Roman beschreibt, ist das Haus der Kindheit und Jugend Thomas Manns. Als man 1883 einzog, war er acht Jahre alt, als man auszog, sechzehn. Kaum war die Bauordnung 1881 geändert, kaufte Senator Mann von einer Verwandten das große, mittelalterliche Giebelhaus, ließ es abreißen und errichtete ein Stadtpalais im Stil der niederländischen Neurenaissance, das war echte Moderne. Entworfen wurde es von Julius Grube, einem Berliner Architekten. In den kommenden anderthalb Jahrzehnten avancierte Grube zu Lübecks Stararchitekt. Das »rote Haus in der Beckergrube« war ein Zentrum des geselligen Lebens in der Stadt. Es verfügte im Erdgeschoss über einen geräumigen Tanzsaal. Hier trafen die Offiziere des preußischen Regiments die bürgerlichen Repräsentanten der Stadt, Heinrich Mann schildert uns im Novellenzyklus *Das Kind* einen »Maskenball«. Im großen Garten stand ein uralter Nussbaum.

Der Neubau des Gerichts, 1894/96

Im Roman geht es düster zu. Es ist dasselbe Haus, zumindest nach der Gestalt der Fassade, doch nun steht es in der »Fischergrube«, direkt gegenüber des kleinen Blumenladens, in dem Anna Iversen mit ihrem Mann und zahlreichen Kindern lebt, Thomas Buddenbrooks einstmalige Geliebte. Das allzu große, aber protzige Gebäude, alles »tipptopp«, »wie in Hamburg«, ist Schauplatz schlechter Geschäfte, kindlicher Albträume, männlicher Eifersuchts- und Betrugsphantasien, Schauplatz eines völlig missratenen Firmenjubiläums, es ist der Ort, wo Hanno in den Familienpapieren einen Schlussstrich unter alles zieht: »Ich dachte, es würde nichts mehr kommen.«

Im Roman gibt es das alte und das neue Haus der Buddenbrooks. Im alten Haus in der Mengstraße lebt die ganze Familie 1835 unter einem Dach, Großeltern, Eltern, Kinder, arme Verwandte, Dienstpersonal, Arbeit und Leben aufs Engste miteinander verknüpft. Im neuen Haus von 1864 finden wir nur eine Kernfamilie, dazu ein Kindermädchen. Thomas Mann variiert in *Buddenbrooks* die Hauptthese des Familienforschers und Sozialpolitikers Heinrich Wilhelm Riehl. Riehl, ein Freund Emanuel Geibels, schreibt in seinem Hauptwerk *Die Fa-*

Die ehemaligen Brauhäuser Beckergrube 50/52 vor dem Abbruch 1882. Aquarell

Blick in den Garten des Hauses Beckergrube 52, mit mittelalterlichem Rückgiebel und Seitengebäude (Geburthaus des Komponisten Carl Grammann). Aquarell, vor 1882

Das Wohn- und Geschäftshaus Beckergrube 52, Architekt Julius Grube, 1882/83

*milie* 1853, moderne konservative Familienpolitik müsse am mittelalterlichen Modell des »Ganzen Hauses« festhalten. Auf dem Lande und in den alten Reichsstädten sei diese Lebensform noch gang und gäbe, sie sei ein Heilmittel gegen die negativen Trends der Zeit, als da wären: Kleinfamilie, Emanzipation der Frau, Verwilderung der Sitten. Thomas Buddenbrook, er wäre ein Mann ganz nach Riehls Geschmack gewesen, konservativ und modern.

Für Thomas Mann war das Haus in der Beckergrube das Haus seiner Familie. Dem Bruder Heinrich gegenüber beschwor er in einer Stunde tiefen Zerwürfnisses die häuslichen Gemeinsamkeiten: »Denk an die Beckergrube!« Senator Mann unterhielt dort ein geräumiges Kontor, hier wirkte er als Getreidekaufmann, als Reeder und als Vorstands- oder Aufsichtsratsvorsitzender zahlreicher Aktiengesellschaften, der Seeversicherung, der Lübeck-Büchener Eisenbahn, der Commerzbank. Hier wurde er im Juli 1891, wenige Wochen nach dem Kurzbesuch Kaiser Wilhelms II., den er mit arrangierte und mit feierte, an Krebs operiert, hier starb er am 13. Oktober 1891, nachmittags, ein Datum, das er einige Tage vorher im Fieber präzise voraussagte. Und er starb mit den Worten: »Ich wäre gerne noch bei Euch geblieben.«

Senator Thomas Johann Heinrich Mann (1840–1891) auf dem Totenbett

## Die Stadt der Buddenbrooks, ein Ort der Kunst

Das Bild der Stadt, das Thomas Mann im ersten Romandrittel entwickelt, bleibt nach Jean Buddenbrooks Tod 1855 gleichsam wie eingefroren stehen. Gelegentliche Einsprengsel machen kenntlich, dass der Autor darauf besteht, dass wir uns zumindest politisch in den Jahren zwischen 1855 und 1877 befinden. Dazu dient das Gespräch Thomas Buddenbrooks mit seinem Barbier, dazu dienen einige Hinweise zu den deutsch-dänischen, deutsch-österreichischen Kriegen 1864 und 1866 oder, wie oben ausgeführt, das Thema Denkmalpflege. Gesellschaftlich und insbesondere wirtschaftlich tut sich im Roman gar nichts. Thomas Buddenbrook ist ein reiner Fernhandelskaufmann wie vor ihm Vater und Großvater. Der Historiker Jochen Voigt, der diesem auffälligen Sachverhalt nachgegangen ist, kam zu folgender Schlussfolgerung: Lübecks Verhältnisse müssten sehr rückständig gewesen sein, sodass ein weit denkender Mann wie Thomas Buddenbrook an der Enge der Verhältnisse scheiterte. Er habe wohl Großes gedacht und geplant, man habe ihn indes eingeschnürt, das habe ihm die Flügel gestutzt. Dieses Ergebnis kann wenig erfreuen, prüft man es am Erzähltext. Im Roman machen z. B. die »Huneus« mit ihrem Holzhandel etliche Millionen, während Thomas Buddenbrook krankhaft sparsam wird. Und dann liest man wenig bis gar nichts von konkreten hochfahrenden Plänen des Senators. Sein Leiden im Roman kann viele Gründe haben, hat aber keine bestimmten im wirtschafts- oder im sozialgeschichtlichen Sinne. Thomas Mann sorgt – wohl nicht

Einweihung des Geibel-Denkmals auf dem Koberg (Geibelplatz) am 18.10.1889

Enthüllung des Denkmals, entworfen von Hermann Volz

ganz absichtslos – für Verwirrung. Und wir tun gut daran, den Dichter ernst zu nehmen.

Die Welt, in der sich das Drama Thomas Buddenbrooks und damit der Verfall der Buddenbrooks vollenden, ist nicht als getreues Abbild der Stadtwirklichkeit Lübecks angelegt, sondern als symbolischer Ort. Diesen Ort mit Lübeck gleichzusetzen, hieße, der wirklichen Stadt Lübeck ihr gesamtes kulturelles Leben zu rauben. In der Stadt der *Buddenbrooks* gibt es keine Kunst- und Literaturszene, kein reiches Musikleben, kein modernes Wirtschaften im Industriezeitalter, keine Wissenschaften. Die Stadt in den *Buddenbrooks* ist eng, sehr eng, man kann auch sagen, sie ist geistig verarmt, besser, diese Welt ist durch Zuspitzung, durch Pointierung verrückt. Thomas Buddenbrook liest moderne Romane und schließlich Schopenhauer, aber vom Sinn des Gelesenen versteht er nichts. Es bleibt Attitüde. Seine Frau geigt »pompöse Duos«, entweder mit ihrem millionenschweren Vater in Amsterdam oder mit einem Lübecker Offizier von zweifelhaftem Ruf. Sie ist keine Künstlerin, integriert in eine Kunstszene, sondern eine musizierende Hausfrau der Oberschicht auf Abwegen. Thomas Manns großes, mit seinem gesamten Lebenswerk als Mensch und als Künstler bezeugtes Thema ist der Zusammenhang von Bürgerlichkeit und Künstlerexistenz. In *Buddenbrooks* variiert er dieses Thema als Familienroman. Und natürlich ist Lübeck

Emanuel Geibel, Porträt (1815–1884). Fotografie von Hanfstaengl, München 1866

Johan Friedrich Overbeck mit Frau und Kind. Selbstbildnis, Öl auf Holz, 1820–30

ein guter Ort für sein Thema, nicht nur, weil er selbst aus Lübeck stammt und sich in dieser Stadt verwurzelt fühlte. Echte Bürgertraditionen, mittelalterliche und moderne, mit der Aufklärung verbundene, gab es dort reichlich. Und doch darf man eins hinzufügen: in jeder wirklichen Stadt des Deutschen Reiches, also auch in Lübeck, wurden Künstler geboren und gemacht, und in jeder deutschen Stadt, also auch in Lübeck, wurden künstlerische Begabungen verkannt, übersehen, missachtet. Große Künstler des 19. Jahrhunderts, der Dichter Emanuel Geibel und der Maler Friedrich Overbeck, entwickelten in Lübeck ihre Talente und entfalteten sie später woanders, kamen zurück oder blieben in der Ferne. Der Thomas Mann, den die Welt schätzt, wäre nicht Thomas Mann geworden, hätte er sich nicht auf seine Weise in *Buddenbrooks* mit der Stadt seiner Herkunft auseinandergesetzt. Als die Stadtväter den frisch gedruckten Roman in Händen hielten, dachten sie an Verrat der Heimat, an Nestbeschmutzung. Das literarische Lübeck aber lud ihn umgehend zur Lesung ein. Die »Schandmäuler«, wie Thomas Mann seine Lübecker 1955 nannte, erkannten in ihm einen der ihrigen, und mancher wird sich an ein Bonmot erinnert haben. 1848 wurde ein Schiff getauft auf den Namen »Emanuel Geibel«. Mitten zwischen all den Leuten mit Hut und Zylinder steht ein reicher Kaufmann. Und er tönt lauthals: »Wat schall mi dat? Hei is nix, hei het nix, hei makt nix.«

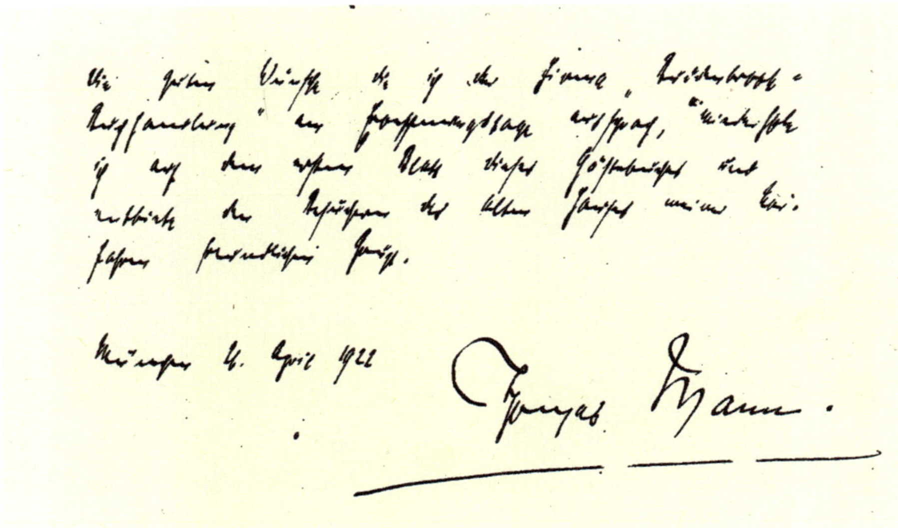

Thomas Mann wünscht der Firma ›Buddenbrook-Buchhandlung‹ gute Geschäfte.
Eintrag ins Gästebuch zur Eröffnung am 4. April 1922

## Thomas Manns Schlüsselliste zum Roman

Man schreibt den 4. März 1922, im Hause Mengstraße 4 wird die Buddenbrookbuchhandlung im Beisein Thomas Manns eröffnet. Mehrere hundert Gäste drängen sich. Ältere Besucher fangen den Dichter ab und tauschen mit ihm Erinnerungen aus, wie es damals zum Beispiel an Weihnachten bei den alten Herrschaften Manns zugegangen war, erinneren sich gemeinsam an die Lübecker Eierkringel, die es leider heute nicht mehr gibt. Die Stimmung ist freudig, ist festlich erregt. Der Berichterstatter der *Lübeckischen Anzeigen* erlaubt sich einen Rückblick: »Es gab Zeiten – sie liegen wohl 20 Jahre zurück – da war man Thomas Mann in der Gesellschaft Lübecks nicht so freundlich gesinnt. [...] Das war man nicht gewöhnt, daß gewissermaßen ein Kritiker sich auftat, der nun ungeniert mit flotten Strichen die Bilder von Personen, ihren Vorzügen, ihren Eigenschaften und Mängeln entwarf. Man verstand das freie Recht des Dichters auf jedes Modell damals noch nicht und es war auch vielleicht zu viel verlangt und wird immer ein schwieriger Anspruch bleiben, daß ein Geschilderter unbefangen seinem eigenen Abbilde gegenüberstehe.« Und ein anderer, der 1922 dabei war, der Heimatdichter Otto Anthes, erinnerte sich 1955, wenige Wochen

Werbemittel der Buddenbrook-Buchhandlung »im Stammhause Thomas Manns« aus der Zeit 1922–1929

vor der Verleihung der Ehrenbürgerwürde an Thomas Mann: »Als ich 1903 nach Lübeck kam, war Thomas Mann den meisten Lübeckern noch ganz und gar der boshafte Entsteller der Wirklichkeit, der in seinen *Buddenbrooks* das eigene Nest beschmutzt hatte, während eine weitere Sicht sich emsig damit beschäftigte, ungezählte Beziehungen zwischen Gestalten des Buches und bekannten Persönlichkeiten der Stadt ausfindig zu machen und ein ausbündiges Vergnügen an dieser Tätigkeit empfand. Eine Betrachtung von künstlerischen Gesichtspunkten aus gab es noch so gut wie gar nicht. Bis dann auch hier die Klärung und Versöhnung stattfand. Den ersten Anstoß dazu bot die Eröffnung der Buddenbrook-Buchhandlung am alten Mannschen Haus in der Mengstraße. Ich denke noch immer mit innigem Vergnügen an den Dialog zwischen Thomas Mann und dem damaligen Wortführer der Bürgerschaft, Gustav Ehlers, den ich vermittelt hatte. Wie die beiden sich wechselseitig entschuldigten, der eine, daß er es getan, der andere, dass er es übel genommen hatte, indem sie zugleich jeder seinen Standpunkt spitzbübisch lächelnd verteidigten, – das war von einer unüberbietbaren Komik, und war zugleich wunderschön – wie jede Versöhnung.« Wie ist das zu verstehen? Was hatte »der eine« getan? Der eine ist denn doch wohl der Verfasser der *Buddenbrooks*, oder?

Lautsprecherübertragung auf dem Rathausmarkt, Thomas Mann spricht im Stadttheater über *Lübeck als geistige Lebensform*, 1926

In den 1920er Jahren war Thomas Mann aufgestiegen in den Rang eines Lübecker Staatsdichters, er nahm nun im Bewusstsein der gesellschaftlichen Öffentlichkeit die Stellung ein, die jahrzehntelang Emanuel Geibel innegehabt hatte. Was aber hatte er getan, das er nun spitzbübisch lächelnd verteidigen musste?

Um es kurz zu machen, zwischen den Notizen und Materialien zum Roman, die das Thomas-Mann-Archiv in Zürich hütet, findet sich so etwas wie eine Schlüsselliste, eine Liste von Personen und Persönlichkeiten, die Thomas Mann im Roman porträtieren wollte, an denen er »Rache zu nehmen gedachte«. Als man ihm kurz nach Erscheinen des Romans öffentlich vorwarf, er habe hinter kaum verhüllender Maske Lübecker Bürger abkonterfeit und verunglimpft, da wehrte sich der junge Dichter mit großen Worten und Gesten. Bei allem Respekt vor dem Bienenfleiß der Thomas-Mann-Verehrer, das Bild, das Ansehen, den

Krafft Tesdorpf (1842–1902), Vorbild für die Romanfigur Stefan Kistenmaker. Weinhändler, Vormund des jungen Thomas Mann und seiner Geschwister

Ruf ihres jugendlichen Helden in den vergangenen einhundert Jahren makellos rein zu erhalten: *Buddenbrooks* sind auch ein Buch der persönlichen Abrechnung. Dafür gab es handfeste Gründe Wir greifen einen einzigen Fall auf.

## Stephan Kistenmaker alias Krafft Tesdorpf

Als es nach dem Tode Senator Manns zur Testamentsvollstreckung und damit zur Vermögensabrechnung kam, gab es zwischen der Witwe Julia Mann da Silva-Bruhns und dem Testamentsvollstrecker Krafft Tesdorpf heftigen Streit. Es ging um den Verkaufserlös des Hauses in der Beckergrube. Senator Mann hatte für den Neubau die spektakuläre Summe von 120 000 Reichsmark aufgewendet, der Verkauf erbrachte runde 50 000 Mark weniger als den Neuwert. Dabei stand das moderne Haus noch nicht einmal zehn Jahre. Tesdorpf hatte laut Testament die Firma und alle Liegenschaften binnen Jahresfrist zu verkaufen, beim Verkauf des Stadtpalais zögerte er, die Familie Mann warf ihm vor, er habe erst zu lange gezögert, zuletzt aber überhastet verkauft. Genau so steht es nun im Roman. Der Name des Mannes ist geändert in Stephan Kistenmaker. Wer sich hinter dem Namen verbarg, wusste jeder in Lübeck, der *Buddenbrooks* gelesen hatte. Dort heißt es: »Er besaß einen rundgeschnittenen, ergrauenden Vollbart, furchtbar

Kontor Maßmann und Nissen, Breite Straße 39, um 1880

dicke Augenbrauen und eine lange, poröse Nase. Vor ein paar Jahren hatte er sich, nachdem er ein gutes Stück Geld verdient, von dem Weingeschäft zurückgezogen, das nun sein Bruder Eduard auf eigene Hand weiterführte. Seitdem lebte er als Privatier; da er sich dieses Standes im Grunde aber ein wenig schämte, so tat er beständig, als habe er unüberwindlich viel zu tun. ›Ich reibe mich auf!‹ sagte er und strich mit der Hand über seinen grauen, mit der Brennschere gewellten Scheitel. ›Aber wozu ist der Mensch auf der Welt, als um sich aufzureiben?‹ Stundenlang stand er mit wichtigen Gebärden an der Börse, ohne dort das Geringste zu suchen zu haben. Er bekleidete eine Menge von gleichgültigen Ämtern. Kürzlich hatte er sich zum Direktor der städtischen Badeanstalt gemacht. Er fungierte emsig als Geschworener, als Makler, als Vormund, als Testamentsvollstrecker und wischte sich den Schweiß von der Stirn ...«

Als Thomas Manns Schulfreund Otto Grautoff sich eines Tages brieflich nach dem Vermögensstand des Freundes erkundigte, enthüllte ihm Thomas Mann den Kummer über den verlustreichen Hausverkauf und kündigte an, er

Das äußere Holstentor, hochwertiger Renaissance-Bau aus der Zeit 1560–70, kurz vor dem Abriss. C. J. Milde, Aquarell, um 1850

werde zu gegebener Zeit in geeigneter Form in dem Roman, den er jetzt begonnen habe, an dem Herren Rache üben. Was er dann auch tat. Übrigens: die heutigen Inhaber der Weinhandelsfirma Tesdorpf bringen seit langem einen Rotspon mit Namen »Buddenbrook« auf den Markt. Als man der Firma das alleinige Recht streitig machte, diese Marke zu führen, fragte der Geschäftsführer beim Archiv des Heinrich-und-Thomas-Mann-Zentrums im Buddenbrookhaus nach. Ob sich denn wohl eindeutig beweisen ließe, dass der Stephan Kistenmaker des Romans identisch sei mit Herrn Krafft Tesdorpf? Das Archiv sah keine Schwierigkeit, diesen »Beweis« zu liefern. Das ist nur ein Beispiel für einen allgemeinen Wechsel der Einstellungen zur »Charakterisierungskunst« Thomas Manns. Was anfangs als üble Nachrede, boshafte Satire gescholten und hart verurteilt wurde, gilt seit langem als Nobilitierung. Wer von sich behaupten kann, ein naher und entfernter Verwandter sei in *Buddenbrooks* porträtiert, trägt bis heute das Haupt in Lübecks Gesellschaft deutlich erhöht, und niemand bricht in schallendes Lachen aus. Spötter indes sprechen vom Buddenbrook-Adel.

Das Buddenbrookhaus liegt vis-à-vis der Lübecker Marienkirche

Britta Dittmann

# Geschichte des Buddenbrookhauses

## Ein Kaufmannshaus

Das Haus in der Mengstraße 4 blickt mit der Fassade direkt auf die Kirche St. Marien und zeichnet sich schon durch seine Lage am nördlichen Marktrand als Haus der städtischen Oberschicht aus. Die erste Eintragung eines Besitzers für das Grundstück findet sich in den lübischen Oberstadtbüchern im Jahr 1289: Es wurde dort notiert, Arnoldus Calvus besitze ein Haus auf eben diesem Grundstück. Bis zum Jahr 1537 sind ein gutes Dutzend weiterer Eigentümer verzeichnet, in der Regel Fernhändler, ausnahmslos Ratsherren oder Bürgermeister. Dann kaufte Hermann von Dorne das Grundstück und errichtete dort ein neues Anwesen.

In der von Dorneschen Familie – sie stellte in jeder Generation einen Ratsherrn und mehrere Bürgermeister – blieb das Haus rund 170 Jahre. Nach dem

Der spätbarocke Giebel mit den allegorischen Figuren »Zeit« (links) und »Wohlstand« (rechts)

Tod von Hermann Hinrich von Dorne im Jahr 1748 stand das Haus einige Jahre leer, bevor es ab 1754 zum Verkauf angeboten wurde. Im Jahr 1758 erwarb der Kaufmann Johann Michael Croll (1706–1777) das Anwesen Mengstraße 4 mit dem unbewohnten und leicht verfallenen Gebäude und ließ dort neu bauen. Von der Fertigstellung dieses Hauses zeugt das noch heute sichtbare Datum »1758« zusammen mit der Inschrift »Dominus providebit« (Der Herr wird vorsorgen) über dem Eingangsportal. Croll und seine Baumeister bezogen Mauern und Bauteile des alten Hauses mit ein. Der vorhandene Keller wurde um ein Joch verlängert, d. h., das Vorderhaus wurde größer als der Vorgängerbau. Das Gebäude hatte zwar mit 12 m nur eine geringe Breite, dafür eine Tiefe von 29 m, hinzu kam ein östlich angebauter Seitenflügel.

Die Fassade mit den beiden Figuren unterhalb des Giebels, die auf der linken Seite die Zeit (mit Zepter und Uhr) und auf der Rechten den Wohlstand (mit Zepter und Füllhorn) symbolisieren, hat durch die Jahre hinweg Bestand gehabt: Das Erdgeschoss stammte noch von dem Haus der Familie von Dorne, ist demnach vor 1550 errichtet worden und fällt kunsthistorisch betrachtet in die Renaissance. Die darüber liegenden Etagen sind nach 1758 erbaut und damit

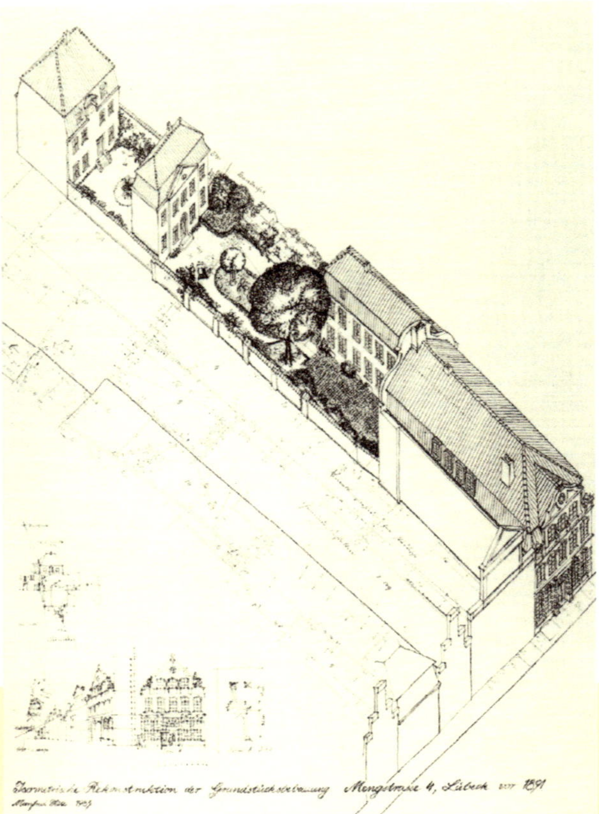

Eine rekonstruierte Ansicht des Grundstücks Mengstraße 4, erstellt anhand des Urkatasterplans. Manfred Zill, Federzeichnung, 1983

dem norddeutschen Spätbarock zuzuordnen. Erst bei genauerem Hinsehen lässt sich diese Ungleichheit daran erkennen, dass die Fenster vom Erdgeschoss und der ersten Etage nicht axial übereinander angeordnet sind und unterschiedliche Umrahmungen haben.

Die große Diele im Erdgeschoss des Vorderhauses beherbergte den Geschäftsbetrieb, hier befanden sich die Kontorräume. Traditionsgemäß waren in der Diele aber auch die Küche und die Kammern für das Dienstpersonal untergebracht. Die Haupttreppe führte in das erste Stockwerk des Hauses, wo sich die repräsentativen Wohnräume befanden.

In der zweiten Etage, dem Dachgeschoss, gab es nur eine Kammer. An das Haus schloss sich ein zweistöckiger Seitenflügel an, dessen Breite weniger als die Hälfte des Hauses betrug. Hier befand sich der eigentliche Wohntrakt. Ebenso wie das Vordergebäude hatte der Anbau ein Mansarddach. Den Raum zwischen

Johann Wilhelm Croll und Salome Croll, geb. Ganslandt. Miniaturzeichnungen, um 1805

Seitenflügel und nachbarlicher Hausmauer nahm der Hof ein. Direkt dahinter schloss sich der Garten an, der durch das Gartenhaus, das sich über die gesamte Grundstücksbreite erstreckte, abgeschlossen wurde. Hinter dem Gartenhaus lag ein zweiter Hof, begrenzt durch ein abschließendes Quergebäude, das als Speicher genutzt wurde. Es gab einen Durchgang zur Beckergrube, somit war das Haus, zumindest zu Fuß, von zwei Seiten her erreichbar.

Johann Wilhelm Croll (1753–1807) übernahm nach dem Tode des Vaters 1777 die Firma und führte die Geschäfte erfolgreich weiter. Mit seiner Frau Salome und sieben Kindern bewohnte er nun das väterliche Haus. Da die Familie reich war, machten alle sechs Töchter glänzende Partien, sie heirateten in gutgestellte Bürgerfamilien Lübecks ein. Der einzige überlebende Sohn Johannes (1798–1847) war beim Tod des Vaters 1807 noch ein Kind. Er begann eine Ausbildung zum Kaufmann und hielt sich mehrere Jahre auswärts auf. 1823 heiratete er in Sachsen und kehrte 1824 mit Frau und Tochter nach Lübeck zurück, um das väterliche Geschäft weiterzuführen. Durch die Ehen seiner Schwestern war er mit den einflussreichsten Lübecker Kaufmannsfamilien verschwägert, was den wirtschaftlichen Einstieg in Lübeck erheblich erleichterte. Das Haus

Das Musikzimmer im Hause Mann. Fotografie, 1890

Das Gesellschaftszimmer der Manns. Fotografie, 1890

in der Mengstraße 4 war in der Abwesenheit von Johannes Croll vermietet gewesen. Vor seiner Rückkehr nach Lübeck ließ Croll das Haus in den Jahren von 1822 bis 1824 durch den renommierten dänischen Architekten Joseph Christian Lillie (1760–1827) renovieren. Lillie, ein Vertreter des Kopenhagener Klassizismus, war ab 1800 mit zahlreichen Aus- und Umgestaltungen in Häusern der ersten Kreise Lübecker Bürger betraut. Johannes Croll wollte eine Renovierung der Repräsentationsräume im ersten Stock. Der Architekt schuf eine Raumfolge aus Vorhalle, Gesellschaftsraum und Speisezimmer. Zwei Fotos aus dem Jahr 1890 geben Einblick in diese Räume und ihre Einrichtung. Der Dekorationsstil des kleineren Gesellschaftszimmers zeigt Lillie-typische Elemente wie die Dekorierung der Wandfelder, die Umrahmung der Türen und das Ofenziergitter. Zahlreiche Malereien wie Lorbeerkränze, Fasanen und antike Götterfiguren zieren die Wände, dominierend ist eine Landschaft mit Alpenmotiven, welche dem Zimmer den Namen ›Landschaftszimmer‹ gab. Von diesem Raum gelangte man durch eine Verbindungstür direkt in das Speisezimmer. Ob auch dieser Raum von Lillie ausgestattet wurde, ist nicht nachweisbar, die großen Götterbilder sind mit großer Wahrscheinlichkeit erst später hinzugefügt worden. Die Halle diente als Eingangsraum für die beiden repräsentativen Räume. Aufgrund der vier freistehenden Säulen erhielt der Vorraum den Namen ›Säulenhalle‹. Als erfolg-

Die obere Mengstraße um 1865

Elisabeth Mann, geb. Marty (1811–1890)

Johann Siegmund Mann junior (1797–1863)

reicher Kaufmann, der in Lübeck aufgrund seiner Verwandtschaft in den ersten Kreisen verkehrte, war es Johannes Croll wichtig zu zeigen, dass seine äußere Wohn- und Lebensweise auch seiner gesellschaftlichen Relevanz entsprach.

1841 verkaufte Johannes Croll das Haus an Johann Siegmund Mann jun., der mit seiner Nichte Elisabeth Marty verheiratet war. Offenbar war es der Wunsch von Elisabeth, in dem Haus zu leben, in dem ihre Mutter Catharina Croll aufgewachsen war. J. S. Mann ließ den zweiten Stock ausbauen, da ihm der vorhandene Wohnraum für seine wachsende Kinderschar nicht ausreichte, ansonsten nahm er keine großen Veränderungen an dem Hause vor. Die Geschwister Elisabeth, Heinrich, Olga und Friedrich Mann wuchsen in diesem Stadthaus auf, dessen 100. Geburtstag am Neujahrstag 1859 im Familienkreis gefeiert wurde. Zu dieser Gelegenheit reimte die Schwester von J. S. Mann ein neunseitiges Festgedicht über die Geschichte des Hauses. Marie Weichbrodt, geb. Mann, lebte nach dem Tode ihres Mannes 1851 mit ihrem Sohn im Haus des Bruders, sie kannte also das Gebäude, welches sie in dem Gelegenheitsgedicht beschrieb, sehr gut. Die überlieferten Verse verraten uns heute Details über das Haus der Manns, z. B. über das Erdgeschoss: »Die erste Thür auf der Diele führt in des Kaufherrn Comptoir.« Dank ihrer Beschreibung weiß man mehr über den ersten Stock mit

Thomas Johann Heinrich, Elisabeth und Olga Mann mit dem Kindermädchen. Fotografie, 1846

der Belétage, denn »von der Diele auf Decken belegter Treppe / gelangt man zum Vorplatz hin / wo aus glänzenden Blumenkelchen / abends leuchtende Gasflammen sprühn. / Dort ist die trauliche Säulenhalle ...« Vom Landschaftszimmer kam man direkt in das Speisezimmer, »dessen Wände, die dunkelblauen, / sind mit antiken Figuren geschmückt«. Aus den Erinnerungen von Elisabeth Mann, der Tante Thomas Manns, wissen wir, dass die große Diele mit massigen Mahagonischränken möbliert war und den Kindern neben dem Garten gern als Spielraum diente.

Nach dem Tod von J. S. Mann jun. 1863 übernahm sein Sohn Thomas Johann Heinrich Mann (1840–1891) das Geschäft und leitete die Firma Johann Siegmund Mann in dritter Generation. Er beließ den Sitz der Firma zunächst in der Mengstraße, verlegte ihn 1883 in die Beckergrube 52 – dort hatte sich der erfolgreiche Kaufmann und Senator ein großes Haus im Neorenaissance-Stil errichten lassen. Hier verbrachten seine Kinder Heinrich, Thomas, Julia, Carla und Viktor ihre Jugend. »Wir fünf Geschwister, drei Knaben und zwei Schwestern, wuchsen auf in einem eleganten Stadthause, das mein Vater sich und den Seinen erbaut hatte, und erfreuten uns eines zweiten Heims in dem alten Familienhause bei

Julia, Thomas, Carla und Heinrich Mann, um 1890

Julia Mann mit dem jüngsten Sohn Viktor

der Marienkirche, das meine Großmutter väterlicherseits allein bewohnte ...«, schrieb Thomas Mann in seinen Erinnerungen von 1930. Die Mengstraße blieb das Wohnhaus von Elisabeth Mann, die ehemaligen Kontorräume der Firma Mann wurden von 1884 bis 1887 an eine Feuerversicherungs-Gesellschaft vermietet. Zeitweise wohnten auch die Geschwister Friedrich und Elisabeth Haag, gesch. Elfeldt, geb. Mann, wieder im Elternhaus. Nach dem Tode der Mutter im Dezember 1890 entschied die Familie, das Haus zu verkaufen. Im Oktober 1891, kurz vor dem Tod von Thomas Johann Heinrich Mann, wurde die Mengstraße 4 an die Versicherungsfirma Boldemann & Deecke verkauft. Senator Mann hatte in seinem Testament verfügt, dass die Firma Mann liquidiert werden sollte. Seine Witwe verkaufte 1892 das Haus in der Beckergrube und zog 1893 nach München. Thomas Mann beendete noch seine Schule und folgte der Mutter im März 1894. Nicht nur die Firma, sondern auch dieser Zweig der Familie Mann war somit in Lübeck aufgelöst.

Die Lübecker Markthalle lag zwischen der Mengstraße, der Breiten Straße und der Beckergrube

Die Einrichtung der Staatslotterie in der ehemaligen Belétage der Familie Mann. Fotografie, um 1905

## Nach den Manns

Im Jahre 1893 kam das Grundstück in den Besitz des Lübecker Staates. Eine Phase der Umbauten am Haus begann: 1894 wurden Speicher und Gartenhaus auf dem hinteren Grundstück abgerissen, um Platz für den Bau einer städtischen Markthalle zu schaffen, die sich über mehrere Liegenschaften erstreckte. Die massive Backstein-Halle wurde am 1. August 1895 in Betrieb genommen und hatte eine Fläche von 2519 m². 1904 wurde für die Lübeckische Staatslotterie in den ehemaligen Räumen der Belétage eine Wand eingerissen, um einen Ziehungssaal zu schaffen.

Am 30. Oktober 1897 bezog eine Volkslesehalle vier Zimmer im hofseitigen Flügel. Im Gegensatz zur Lübecker Stadtbibliothek mit ihren eher wissenschaftlichen Beständen richtete sich diese Lesehalle, welche von der ›Gesellschaft zur Beförderung gemeinnütziger Tätigkeit‹ unterhalten wurde, an den einfachen Bürger und bot ihm einen ruhigen und im Winter beheizten Raum, in dem Nachschlagewerke und andere aktuelle Informationen zugänglich waren. Aber schon zwei Jahre später zog die Volkslesehalle wegen größeren Platzbedarfs im Oktober 1899 in die Mengstraße 28. Thomas Mann selbst hat sich bei einem Besuch 1899 in Lübeck die Bibliothek angesehen und seine Eindrücke in der Erzählung *Tonio Kröger* literarisch verarbeitet.

In das Haus Mengstraße 4 zogen in den folgenden Jahren die unterschiedlichsten Mieter ein – von einer Bierverlagsgesellschaft über eine Polizeikasse bis

Das Buddenbrookhaus um 1910

Mengstraße 4 war unter anderem der Sitz der Polizeikasse von 1908–1923

zum Damenfriseur. Obwohl das Haus schon bald nach Erscheinen des Romans 1901 ›Buddenbrookhaus‹ genannt wurde, schaffte man erst in den zwanziger Jahren, als Thomas Mann zu immer größerem Ruhm gelangte, mit der ›Buddenbrook-Buchhandlung‹ eine Verbindung zu seinem Werk. Die Buchhandlung befand sich in der Diele des Hauses, welche für diese Zwecke umgebaut worden war. Zur Eröffnung der ›Buddenbrook-Buchhandlung‹ im alten Mannschen Haus am 4. März 1922 kam Thomas Mann persönlich, »um zu danken dafür, dass man das alte Haus aus dem Schlaf, der in Verfall und Tod überzugehen drohte, zu neuem Leben erweckt habe«. Neben dem kaufmännischen Betrieb als Buchhandlung und Antiquariat zog die Mengstraße 4 das Interesse der literarischen Klientel Lübecks durch ihre ›Buddenbrook-Abende‹ auf sich. Der Grundgedanke dieser Abende war es, durch die Person des Dichters zu dessen Werk zu führen. Ins Leben gerufen wurden diese von dem Münchener Literaten und Historiker Fritz Endres, der auf Empfehlung Thomas Manns die Geschäftsführung der Buchhandlung übernommen hatte. Thomas Mann las selbst im Rahmen der ›Buddenbrook-Abende‹ am 14. Dezember 1923, wurde aber auch für einige Lesungen indirekt zum Initiator – so begeisterte er Autoren wie Stefan und Arnold Zweig oder Josef Ponten dafür, in Lübeck zu lesen.

Die ›Buddenbrook-Buchhandlung‹ hatte von 1922–29 ihren Sitz in der Diele des Hauses Mengstraße 4. Blick zum Eingang hin

Werbeanzeige der ›Buddenbrook-Buchhandlung‹ in einer lokalen Zeitung

Während die Lese-Abende von 1923 bis 1925 noch in großer Zahl stattfanden und sehr gut besucht waren, ließ der Erfolg ab 1926 nach. Otto Quitzow, ein Lübecker Buchhändler, übernahm die Buchhandlung, um die finanziellen Schwierigkeiten zu überbrücken. Trotzdem kam es 1929 zur Schließung: Im Oktober verkündete Fritz Endres in den *Lübeckischen Blättern* das Ende der ›Buddenbrook-Buchhandlung‹ – nur einen Monat, bevor Thomas Mann den Literatur-Nobelpreis erhielt. Da drängt sich der Gedanke auf: Wäre die Buchhandlung durch den neuen Ruhm des Schriftstellers zu retten gewesen? Aber das muss Spekulation bleiben – die Geschichte hat es anders gewollt.

Die ›Buddenbrook-Abende‹ fanden an anderen Orten noch bis 1933 statt. In die Diele des Buddenbrookhauses aber zog nun die Samenhandlung der Firma Michael ein und verkaufte dort fast zwanzig Jahre lang Samen für Blumen, Kräuter und Gemüse. Im Keller befand sich eine Pflanzenzuchtstation, im ersten Stock das Statistische Landesamt und in der zweiten Etage Mietwohnungen. Man war weit, sehr weit weg von der Literatur …

Die Samenhandlung der Firma Michael. Blick zur Hofseite

Werbeanzeige der Samenhandlung mit dem Haus als Logo

Am 14. Mai 1933 druckte der *Lübecker Generalanzeiger* einen Aufruf ab, »undeutsche« Literatur abzuliefern, um sie der Verbrennung auf dem Sportplatz am Buniamshof zuzuführen. Dabei wurde Thomas Mann ausdrücklich hervorgehoben: »[…] Die Aktion gegen undeutsche Literatur richtet sich […] gegen die Schriftsteller des eigenen deutschen Volkes, die in der erbärmlichsten schlimmsten Weise alles Deutsche herunterreißen und beschimpfen. […] Wer von den Schriftstellern im öffentlichen Leben, in der Politik oder in seinen Werken das deutsche Volk oder seine Vergangenheit, die Vorkämpfer, Führer und Träger der nationalen Revolution beschimpft oder verachtet oder dieses getan hat, wird grundsätzlich zu den Schädlingen des deutschen Volkes gerechnet. […] Aus diesem Grunde lehnen wir beispielsweise auch den Lübecker Schriftsteller Thomas Mann ab, trotzdem einige seiner Bücher geduldet werden könnten.«

Thomas Mann, der sich seit 1933 im Exil befand, wurde im Dezember 1936 als »Volksschädling« die deutsche Staatsbürgerschaft aberkannt. Er emigrierte 1938 in die USA. Dort vertrat er weiter seine entschiedene Ablehnung des nationalsozialistischen Regimes und wandte sich mit den BBC-Reden *Deutsche Hörer* via Radio ab 1940 direkt an Europa und an Deutschland im Besonderen.

Gedenktafel im Eingangsportal des Buddenbrookhauses: »Brun Warendorp Bürgermeister und Flottenführer – 1369 geblieben auf Schonen – Er erkaempfte die Grundlagen für den Frieden zu Stralsund 1370«

Vor diesem Hintergrund erklärt sich das Interesse der nationalsozialistischen Machthaber, die literarische Bedeutung und die Verbindung des ›Buddenbrookhauses‹ zu Thomas Mann zu tilgen. Dazu wurden zwei Strategien verfolgt: Man versuchte entweder das Haus ›totzuschweigen‹ oder aber es mit einer anderen historischen Bedeutung aufzuladen, indem man es umbenannte bzw. die Verbindung zu anderen Bewohnern als der Familie Mann stärker hervorhob. 1936 brachte man im Eingangsportal eine Gedenktafel für Bruno Warendorp an. Der Ratsherr und Bürgermeister von Lübeck war von 1367 bis 1369 Besitzer des Grundstückes der heutigen Mengstraße 4 und ein erfolgreicher Befehlshaber der Lübecker Truppen im Kampf der Hanse gegen Dänemark gewesen. Sein Tod während der Belagerung von Helsingborg im Jahre 1369 ermöglichte seine Glorifizierung als Kriegsheld, was die Basis der nationalsozialistischen Bemächtigung seiner Person war. Die Adressbücher von 1939 und 1942 verzeichnen unter Mengstraße 4 die Bezeichnung »Bruno-Warendorp-Haus, früher Buddenbrook-Haus«. Thomas Mann selbst wusste von den Bestrebungen, das Buddenbrookhaus umzubenennen, allerdings hörte er von einem anderen Namen: »An Ort und Stelle freilich heißt es schon längst nicht mehr das Buddenbrook-Haus. Die Nazis, verärgert darüber, daß immer die Fremden noch danach fragen, haben es umgetauft in Wullenweber-Haus. Das dumme Gesindel weiß nicht einmal, daß ein Haus, das den Stempel des achtzehnten Jahrhunderts an seinem Rokokogiebel trägt, nicht gut mit dem verwegenen Bürgermeister des sechzehnten etwas zu tun haben könnte.« Jürgen Wullenwever (1492–1537, auch Wullenweber) war

Lübeck. Haus Mengstraße 4. Von 1758. (Zuletzt „Wullenweverhaus".)

Typisches Patrizierhaus des späten Barock, mit wohlgegliederter, vornehm dekorierter Fassade. Der immer noch bodenständige Giebel ist nun abgeschweift. Die Eckvoluten an der Giebelbasis dienen größeren Figuren als Auflage, altes Motiv in abgewandelter Form. Strenge Architektonik des Portals, das sich nicht zuletzt durch seine Höhe als Zugang zu einem Geschäftshause von ehedem ausweist.

40

Die Umbenennung der Mengstraße 4 in Wullenwever-Haus ist den Lübeckern in mündlicher Überlieferung bekannt. Ein gedruckter Nachweis findet sich in einem Bildband von 1942 über Lübeck und Rostock.

Ein Foto der Royal Air Force von der zerbombten Lübecker Innenstadt

Die brennende Marienkirche während des Bombenangriffs im März 1942

im 16. Jahrhundert Bürgermeister in Lübeck gewesen. Er hatte seine Karriere im Zuge der Durchsetzung der Reformation begonnen und prägte die lübische Politik zwischen 1531 und 1535 entscheidend; so wollte er Lübeck zu einer Vormachtstellung an der Ostsee verhelfen. Allerdings wohnte er nie auf dem Grundstück in der Mengstraße.

## Zerstörung und Wiederaufbau

Während des Zweiten Weltkriegs war die Hansestadt das erste Opfer eines Flächenbombardements der britischen Luftwaffe. In der Nacht zum Palmsonntag, am 28. März 1942, flog die Royal Air Force über die Altstadt und warf 400 t Brandbomben ab. Auch das Haus in der Mengstraße 4 wurde ein Opfer des Infernos, das zwei Fünftel der historischen Altstadt und drei der großen Lübecker Stadtkirchen zerstörte. Der Funkenflug von der brennenden Marienkirche setzte das Haus in Brand. Thomas Mann, der regelmäßig über die BBC Radioansprachen nach Deutschland sendete, äußerte sich im April 1942 in einer Sondersendung dazu:

Das zerstörte Buddenbrookhaus 1942

Katia und Thomas Mann 1953 vor der Ruine des Buddenbrookhauses

»Beim jüngsten britischen *Raid* über Hitlerland hat das alte Lübeck zu leiden gehabt. [...] Schwedische Blätter melden – und amerikanische fragen mich danach –, daß das Haus meiner Großeltern, das sogenannte Buddenbrook-Haus in der Mengstraße, bei dem *Raid* zerstört worden sein soll. [...] Für viele draußen ist durch meinen Jugendroman der Name Lübecks nun einmal mit dem Gedanken an dieses Haus verbunden und leicht kommt es ihnen in den Sinn, wenn Bomben auf Lübeck fallen. [...] Das alte Bürgerhaus, von dem man nun sagt, daß es in Trümmern liege, war mir das Symbol der Überlieferung, aus der ich stamme, aber solche Trümmer schrecken nicht denjenigen, der nicht nur aus der Sympathie für die Vergangenheit, sondern auch aus der für die Zukunft lebt.«

Vom Buddenbrookhaus stand nur noch die Fassade mit leeren Fensterhöhlen. Sie und der barocke Gewölbekeller blieben als einzige erhalten, das Haus war zu 80 % zerstört. Die Samenhandlung setzte in einer hinter der Fassade aufgebauten Baracke den Verkauf fort. Bis 1955 blieb das Haus als Ruine stehen. Im Juni 1953 fuhr Thomas Mann nach einer Lesung in Hamburg zu einem Kurzaufenthalt nach Travemünde. Der ihn begleitende Journalist bat ihn um einen Stopp in Lübeck, und sie hielten vor dem noch immer in Trümmern liegenden Budden-

Hinter der abgestützten Fassade errichtet die Volksbank ein neues Geschäftshaus

Die Fassade des Hauses Mengstraße 4 im Jahr 1957

brookhaus. »Zum erstenmal sah er das zerstörte Gebäude. Minutenlang stand er davor, dann setzte er sich in das Auto und fuhr davon«, berichtete der Reporter.

Ende des Jahres 1953 suchte die Lübecker Volksbank ein neues Geschäftshaus. Die Stadt Lübeck bot der Bank die Ruine in der Mengstraße 4 an mit der Auflage, die denkmalgeschützte Fassade zu erhalten. Verwaltungstechnische Verzögerungen ermöglichten ernsthafte Verhandlungen erst Anfang des Jahres 1955. Am 22. März genehmigte das Liegenschaftsamt den Verkauf, der Senat stimmte diesem am 4. Mai zu mit dem Hinweis, dass die Bürgerschaft noch in den Verkauf einwilligen musste. Der Verkauf der Mengstraße 4 an die Volksbank war so gut wie beschlossen. Knapp zwei Wochen später, am 20. Mai erhielt Thomas Mann von der Stadt Lübeck die Ehrenbürgerwürde. Er befand sich vom 16. bis 21. Mai in Lübeck, und nichts deutet darauf hin, dass Thomas Mann während dieser Zeit vom Verkauf des ehemaligen Familienstammsitzes etwas erfahren hätte.

Im Erdgeschoß richtet die Volksbank eine Schalterhalle ein

Die historische Treppe im Foyer stammte aus einem alten Geschäftshaus der Bank

Die Bürgerschaft stimmte dem Verkauf des Hauses am 28. Juli 1955 zu – zwei Wochen vor dem Tode Thomas Manns. Die Eintragung ins Grundbuch erfolgte am 24. Januar 1956. Damit war die Volksbank endgültig Eigentümerin des Grundstücks Mengstraße 4. Die Fassade konnte, da sie nicht allzu schwer beschädigt war, originalgetreu wiederhergestellt werden. Der Neubau war ca. fünf Meter kürzer als der Vorgängerbau und damit fast ebenso lang wie der 1758 abgerissene mittelalterliche Baukubus. Der Seitenflügel wurde nicht wieder errichtet. Die Dielenhöhe blieb erhalten, das erste Obergeschoss wurde um 45 Zentimeter abgesenkt. Auf die innere Raumaufteilung nach dem historischen Vorbild wurde bei der Innengestaltung keine Rücksicht genommen. Die Samenhandlung musste nun endgültig umziehen (ab 1958 befand sie sich in Mengstraße 6), denn in das neugeschaffene Erdgeschoss zog die Schalterhalle der Volksbank. Die oberen Etagen wurden vermietet – an Notare, Steuerberater und wieder einmal an einen Damenfriseur.

Das Gedenkzimmer für Thomas Mann im Schabbelhaus

Heft zur Ausstellung *Visite bei Buddenbroo[ks]*, die von Lisa Dräger 1975 konzipiert wurde

Eine erste dauerhafte Gedenkstätte für Thomas Mann wurde nicht im Haus Mengstraße 4 errichtet, sondern ein paar Häuser weiter, in der Mengstraße 48/50 im dortigen Schabbelhaus. Die Kaufmannschaft zu Lübeck organisierte im ersten Stock dieses Kaufmannshauses ein ›Thomas-Mann-Zimmer‹, um »ein kleines lübisches Spezifikum zu schaffen, das dem Andenken des großen Sohnes unserer Stadt geschuldet wurde«. Am 20. Januar 1963 wurden die beiden Räume eröffnet, zu sehen gab es Biedermeier-Möbel, an den Wänden hingen Fotos der Familie Mann, die als Vorbilder für *Buddenbrooks* gedient hatten, und in Vitrinen wurden Autographen Thomas Manns, Dokumente zur Firma Mann und Geschenke von Katia Mann, gezeigt, u. a. eine Familienbibel.

Im Jahr 1975 wurde der 100. Geburtstag Thomas Manns in Lübeck groß gefeiert. Es gab eine Festwoche mit zahlreichen Veranstaltungen und zwei Ausstellungen zu *Buddenbrooks* in der Sparkasse und bei der Kaufmannschaft. Die 1965 in Lübeck gegründete Thomas-Mann-Gesellschaft, die Kaufmannschaft zu Lübeck und der Lübecker Unternehmer Dr. Heinrich Dräger mit seiner Frau Lisa bemühten sich als Nachklang der Thomas-Mann-Feierlichkeiten einen Ort für eine dauerhafte Präsentation zu Leben und Werk der Brüder Mann zu finden. Vorerst wurde in der ersten Etage des Buddenbrookhauses ein ›Thomas-Mann-Zimmer‹ mit den Möbeln und Schriftstücken aus dem Schabbelhaus eingerich-

Das Gedenkzimmer für die Mann-Brüder im Drägerhaus

Das Modell des Buddenbrookhauses wurde für eine von Björn R. Kommer konzipierte Sonderausstellung über die Mengstraße 4 1983 erbaut

tet. Gedacht war es als erster Schritt zur Einrichtung eines Museums, aber dazu kam es nicht. Es gab zwar Gespräche zwischen der Stadt und der Volksbank bezüglich der Nutzung von Räumen, aber diese Pläne zerschlugen sich.

Im April 1976 stiftete Heinrich Dräger Geld für eine Erweiterung des Behnhauses, Lübecks Museum für die Kunst des 19. und 20. Jahrhunderts. Das spätklassizistische Nachbarhaus wurde angekauft und als Museum zur Kulturgeschichte Lübecks zwischen 1780 und 1920 eingerichtet. Das nach dem Stifter benannte Drägerhaus wurde im Juni 1981 eröffnet und zeigte in seiner Präsentation auf Wunsch von Heinrich und Lisa Dräger auch eine Darstellung von Leben und Werk der Brüder Mann. Damit gab es erstmals in einem musealen Umfeld eine Dauerausstellung zu den Brüdern Mann, wenn auch nicht an dem eigentlich favorisierten Ort, dem Buddenbrookhaus.

Das Haus in der Mengstraße 4 erhielt aber 1983 gesonderte Aufmerksamkeit: das St. Annen-Museum zeigte eine große Sonderausstellung mit dem Titel *Das Buddenbrookhaus – Wirklichkeit und Dichtung*. Das Haus und seine Bewohner waren zum Gegenstand wissenschaftlicher Forschungen geworden: Zahlreiche Dokumente und ein Modell des Hauses gaben Auskunft, wie es in der Mengstraße 4 einst ausgesehen hatte, und Textstellen belegten die Literarisierung im Werk Thomas Manns.

Die Volksbank hatte von 1957 bis 1991 ihren Sitz im Buddenbrookhaus

## Rückkehr der Literatur

Im Frühjahr 1989 wurden in Lübeck Weichen gestellt, um im Buddenbrookhaus ein Zentrum für die Heinrich-und-Thomas-Mann-Forschung einzurichten. Zusammen mit dem Amt für Kultur der Stadt Lübeck planten die Thomas-Mann-Gesellschaft, der Heinrich-Mann-Arbeitskreis und das Museum für Kunst und Kulturgeschichte im Obergeschoss der Mengstraße 4 eine ständige Ausstellung sowie ein Archiv und eine Bibliothek einzurichten, um für die in Lübeck geborenen, mittlerweile weltbekannt gewordenen Autoren eine Gedenkstätte zu schaffen. Unterstützt wurden sie dabei von dem neugegründeten ›Förderverein Buddenbrookhaus‹ – hier engagierten sich Lübecker Bürger ideell und finanziell für eine ›Arbeits- und Gedenkstätte Heinrich und Thomas Mann‹. So ist es dem finanziellen Engagement des Lübecker Verlegers Charles Coleman zu verdanken, dass im September 1989 nach dem Senat auch die Bürgerschaft die Einrichtung einer Heinrich-und-Thomas-Mann-Präsentation im Buddenbrookhaus beschloss. Ende des Jahres gab es einen Mietvertrag mit der Volksbank, 1990 entstanden die wissenschaftlichen Vorarbeiten zur Erarbeitung eines Ausstellungskonzeptes. Eine Rekonstruktion von Räumlichkeiten des Hauses

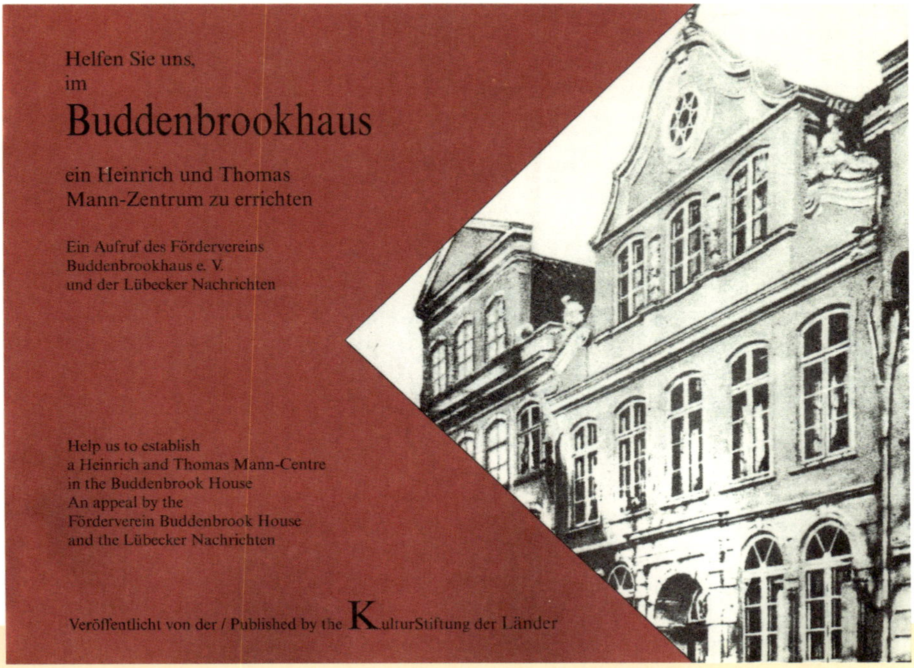


Broschüre aus dem Jahr 1989

wurde sowohl aus inhaltlichen als auch aus finanziellen Gründen nicht angestrebt. Das Buddenbrookhaus sollte das werden, als was es in der ganzen Welt bekannt ist: ein literarischer Ort. War man schon froh, dass es so weit gekommen war, im Buddenbrookhaus eine dauerhafte Präsentation zu den Brüdern Mann einzurichten, so hegte man doch im Geheimen den Wunsch, das ganze Haus zu einer Gedenkstätte zu machen. Diese Vision begann sich schneller zu verwirklichen, als man in Lübeck angenommen hatte, denn bevor noch eine Ausstellung im Buddenbrookhaus realisiert werden konnte, gab die Volksbank bekannt, dass sie das Haus in der Mengstraße 4 verkaufen wolle und bot der Stadt Lübeck das Vorkaufsrecht an. Lübecks Kultursenator Ulrich Meyenborg und die Kulturamtsleiterin Ada Kadelbach sahen trotz schwieriger Haushaltslage hier eine große Chance und organisierten mit viel Engagement die Finanzierung des Kaufvorhabens. Schließlich entschloss sich die Hansestadt aufgrund der finanziellen Unterstützung insbesondere durch die Bundes- und Landesregierung, das Buddenbrookhaus zu kaufen und zu einem Heinrich-und-Thomas-Mann-Zentrum auszubauen, das Museum, Forschungs- und Gedenkstätte zugleich werden

Das Buddenbrookhaus erstrahlt 1993 mit neuer weißer Fassade

Eröffnung des Heinrich-und-Thomas-Mann-Zentrums am 6. Mai 1993 mit (v. l.) U. Erdsiek-Rave, H. Wißkirchen, H. Simonis, U. Meyenborg und R. von Weizsäcker

sollte. Am 15. August 1991 wurde der Öffentlichkeit dieser Beschluss in einer Pressekonferenz bekannt gegeben, woraufhin ein breites überregionales Presse-Echo folgte. Die ebenfalls von der Presse begleitete Schlüsselübergabe fand am 15. November statt. Nach 36 Jahren war das Buddenbrookhaus wieder im Besitz der Hansestadt Lübeck.

Unter diesen neuen Vorzeichen begann man in Lübeck 1992 mit der konkreten Planung für eine Dauerausstellung zu den Brüdern Mann im Buddenbrookhaus. Professor Dr. Eckhard Heftrich von der Deutschen Thomas-Mann-Gesellschaft und Dr. Peter-Paul Schneider von der Heinrich Mann-Gesellschaft erarbeiteten zusammen mit dem neu ernannten Leiter des Heinrich-und-Thomas-Mann-Zentrums, Dr. Hans Wißkirchen, ein Ausstellungskonzept, in dem die aktuelle Bedeutung des Werkes der Brüder Mann den Menschen von heute nahegebracht werden soll. Dem Museumsbereich standen das Erd- und Zwischengeschoss zur Verfügung, in das Obergeschoss zog das Amt für Kultur. Entscheidende Bedeutung für die Realisierung dieses (finanziell) großen Projektes war die Bereitschaft des Fördervereins, den wirtschaftlichen Betrieb des Hauses

Die erste Dauerausstellung zu Leben und Werk von Heinrich und Thomas Mann im Buddenbrookhaus

für die Dauer von zwei Jahren zu übernehmen. So organisierten Rolf Saltzwedel und Birgitt Mohrhagen die Bewirtschaftung der Ausstellung und des Museumsshops, der ein wichtiges Standbein des Hauses werden sollte.

Am 6. Mai 1993, im Jahr des 850. Stadtjubiläums der Hansestadt Lübeck, konnte mit einem feierlichen Festakt das Heinrich-und-Thomas-Mann-Zentrum in der Mengstraße 4 eingeweiht werden – gut 90 Jahre nach dem Erscheinen des Romans *Buddenbrooks*, der dem Haus den Namen gegeben hatte. Das Buddenbrookhaus vereinigte nun unter seinem Dach ein Ausstellungs-, Veranstaltungs- und Forschungszentrum, in dem den Lübeckern und den Lübeck-Besuchern das Leben und Werk von Heinrich und Thomas Mann präsentiert wurde. Dabei wurde auf eine historisierende Ausstattung verzichtet – hinter der alten Fassade befanden sich modern eingerichtete Räume. Der Mittelpunkt des Hauses war die Dauerausstellung im Erdgeschoss: Auf 200 m² wurde der Besucher in neun Etappen durch das Leben und die Literatur der Brüder Mann geführt, für die Präsentation wurden extra Hochvitrinen entworfen. Der Fokus lag in der Ausstellung auf dem Verhältnis der Brüder zueinander und zu ihrer Heimatstadt Lübeck. Beginnend mit dem Geburtsjahr Heinrich Manns 1871 zeigte man die Herkunft, Jugend und Wanderjahren durch Berlin, München und

Italien. Zeit- und Literaturgeschichte verknüpfend führt die chronologische Präsentation durch die Zeiten des Bruderzwistes, des politischen Engagements, des Exils und immer wieder durch das literarische Werk. Die Chronologie endet mit dem Tode Thomas Manns im August 1955.

Der historische Gewölbekeller des Hauses wurde als Veranstaltungsraum genutzt, und ein Tresorraum, Relikt der Volksbank, stellte sich als idealer Archivraum heraus. Die dort gelagerten Archivalien und Sammlungsgegenstände bilden neben der Fachbibliothek die Basis für die wissenschaftliche Forschung des Hauses. Ergebnisse dieser wissenschaftlichen Arbeit wurden u. a. in Sonderausstellungen präsentiert, welche Themen des vielfältigen Lebens und des vielschichtigen Werkes der Familie Mann aufgriffen und näher beleuchteten. Aber auch Querverbindungen und Wechselwirkungen zu anderen Autoren wurden vorgestellt. Da Lübeck im Werk der Brüder Mann eine große Rolle spielt, wurden spezielle Literarische Spaziergänge entwickelt, bei denen dem Besucher die Literarisierung von Orten direkt vorgeführt werden konnte.

1995 wurde als Träger des Heinrich-und-Thomas-Mann-Zentrums die Kulturstiftung Hansestadt Lübeck gegründet. Sie erlaubt es, das Buddenbrookhaus als Forschungs- und Gedenkstätte mit einem Eigenanteil von 70 % zu führen. Im ersten Jahr besuchten rund 55 000 Besucher die ständige Ausstellung. Die Attraktivität des Hauses erhöhten zahlreiche größere und kleinere Sonderausstellungen, zu den populärsten zählten 1996 *Mein Kopf und die Beine von Marlene Dietrich* über Heinrich Mann und die Verfilmung seines Romans *Professor Unrat* unter dem Titel *Der blaue Engel* und die in Zusammenarbeit mit dem Thomas-Mann-Archiv in Zürich konzipierte Ausstellung 1997 über Thomas Manns Roman *Doktor Faustus*: *Und was werden die Deutschen sagen?*.

Nach fünf Jahren konnte eine positive Bilanz gezogen werden: Durchschnittlich 40 000 Besucher im Jahr zeigten, dass die Gedenkstätte erfolgreiche Arbeit leistete. Manche, die in die Mengstraße 4 kamen, kannten gerade einmal den Namen Thomas Mann und wollten einen ersten Einblick in Leben und Werk erhalten. Gleichzeitig kamen Spezialisten, die vieles, wenn nicht gar alles kannten, sich mehrere Stunden aufhielten und auch an ganz speziellen Fragen interessiert waren. Aber immer wieder wurde ein Desiderat geäußert: Man wüsste gerne mehr über den Roman *Buddenbrooks* und seine Verbindung zu dem Haus, das man aufgesucht hatte und das nach ihm benannt worden war. Ähnlich wie in einem Storm- oder Goethe-Haus suchte man nach etwas Authentischem, Anschaulichen. Wäre das Haus nicht zerstört worden, hätte es eine theoretische

Eröffnung der neuen Dauerausstellungen im Jahr 2000 mit P. Oertling, A. Borgese, U. Meyenborg und J. Rau

Angelica Borgese und Frido Mann, Enkel von Thomas Mann, neben den Büsten der Brüder Mann

Möglichkeit gegeben, zu zeigen, wie die Familie Mann gelebt hat. Um aber den Besuchern die Frage zu beantworten, wie die Buddenbrooks gelebt haben, benötigte man eine literarische Inszenierung am authentischen Ort.

Die Chance, für das Literaturzentrum ein neues Ausstellungskonzept zu erarbeiten, bot sich bei der erfolgreichen Bewerbung als Projekt der EXPO 2000 in Hannover. Die Weltausstellung präsentierte erstmals nicht nur Projekte am Ausstellungsort Hannover, sondern auch weltweit dezentrale Projekte, die nachhaltig über das Jahr 2000 hinaus erhalten bleiben würden. Das Buddenbrookhaus realisierte das weltweit einzige Literatur-Projekt und hatte sich das Ziel gesetzt, zur Jahrtausendwende ein Modell der Literaturvermittlung für das 21. Jahrhundert am Beispiel von Thomas Manns nobelpreisgekröntem Roman *Buddenbrooks* exemplarisch zu entwickeln. Als doppeltes Jubiläum – zum einen war es genau 100 Jahre her, dass der Roman *Buddenbrooks* abgeschlossen wurde, zum anderen wurde Thomas Mann vor 125 Jahren in Lübeck geboren – war das Jahr 2000 auch programmatisch relevant.

Das Buddenbrookhaus schloss Ende des Jahres 1999 seine Pforten für umfassende Umbaumaßnahmen und wurde am Geburtstag Thomas Manns, dem 6. Juni 2000, wiedereröffnet. Da das Amt für Kultur mittlerweile ausgezogen war,

Blick in die Dauerausstellung *Die Manns – eine Schriftstellerfamilie*

konnte das Heinrich-und-Thomas-Mann-Zentrum nun alle Etagen des Hauses nutzen. Auf über 1000 $m^2$ entstand ein Haus für die ganze Familie Mann, das nun mit zwei Dauerausstellungen, einer Vielfalt von Veranstaltungen und einer erweiterten Forschungsbibliothek alles Wissens- und Mitteilungswerte über diese Schriftstellerfamilie sammelt, bereithält und an eine möglichst große Zahl von Interessierten weitergeben will.

Der Umbau veränderte die Räumlichkeiten auf die Bedürfnisse der Besucher hin: Zum einen wurde in der ersten Etage der Vortragsraum vergrößert, sodass er in Zukunft der wachsenden Anzahl an Veranstaltungen und Besuchern gerecht werden und auch für externe Veranstalter zur Verfügung stehen kann. Zum anderen wurde der Museumsshop in Anlehnung an die historische Buddenbrook-Buchhandlung neu gestaltet und vergrößert, das Sortiment ist erweitert worden: Alle lieferbare Primärliteratur der Familie Mann ist hier ebenso erhältlich wie wichtige Sekundärliteratur.

In dieser »amazing family« gab es viele begabte Männer und Frauen, und ihre Geschichte repräsentiert ein Kapitel deutscher Zeit- und Kulturgeschichte. Aus diesem Grund ist die Ausstellung *Leben und Werk der Brüder Heinrich und Thomas Mann* um Aspekte der gesamten Familie Mann sowie der Rezeptionsgeschichte

Blick in die Dauerausstellung *Die ›Buddenbrooks‹ – ein Jahrhundertroman*

erweitert und zu der neuen Dauerausstellung *Die Manns – eine Schriftstellerfamilie* geworden. Sie ist biographisch angelegt und will in sechs Stationen einen ersten Überblick über die Familie verschaffen. Thomas und Heinrich Mann stehen im Mittelpunkt, aber das literarische Werk von Klaus, Erika und Golo Mann ist stärker in den Vordergrund gerückt. Multimediale Elemente geben dem Besucher die Möglichkeit, die Manns mit allen Sinnen zu erfahren: Anhand von umfangreichem Bildmaterial, filmischen Dokumentationen und Hörstationen können die literarische Tradition der Familie, die gegensätzlichen Lebenswege sowie ihr gemeinsames »Leiden an Deutschland« nachvollzogen werden.

Ein Roman kehrt an den Ort seiner Handlung zurück – das war die Leitidee der Dauerausstellung *Die ›Buddenbrooks‹ – ein Jahrhundertroman*. Hier wurde den Besucherwünschen, mehr über *Buddenbrooks* zu erfahren, entsprochen und in dem Haus, in dem große Teile des Romans spielen, Entstehung, Handlung und Wirkung von Thomas Manns nobelpreisgekröntem Romanerstling präsentiert. Vorbilder für die Romanfiguren werden erläutert, Verfilmungen des Romans werden anhand von Filmausschnitten vorgestellt, Tondokumente mit Hörspielen laden zum Entdecken ein, und ein virtueller Raum eröffnet die Möglichkeit, sich weitergehende Informationen anzueignen.

Das Landschaftszimmer in der Belétage Buddenbrooks

Im »Landschaftszimmer« und im »Speisesaal« in der Belétage Buddenbrook mit Blick auf die Marienkirche wird der Roman atmosphärisch erfahrbar. Nicht die historischen Räume der Familie Mann wurden wiederhergestellt, sondern ihre literarische Verwandlung, die sie im Roman erfahren haben, inszeniert. Nach den ›Regieanweisungen‹ Thomas Manns wurden begehbare Romanräume geschaffen, um einen Eindruck zu bekommen, wie es wohl bei den Buddenbrooks ausgesehen haben mag. Der Ort hat eine besondere Aura: An genau dieser Stelle im Buddenbrookhaus hat der junge Thomas Mann gestanden und auf die Marienkirche hinübergeblickt. An der gleichen Stelle hat dem Roman nach Tony Buddenbrook gestanden. Heute steht hier der Besucher und blickt auf die gleiche Szenerie.

Um die Literarisierung dieses Ortes deutlich zu machen, kann der Besucher mit dem Roman in der Hand die Räume der Belétage betreten. Schilder mit Seitenzahlen führen den Betrachter eines Möbelstücks an jene Romanstelle, wo es seinen Auftritt hat. Das Buch ist damit der Schlüssel zu den Räumen und der Phantasie des Besuchers. Um dieses noch zu verstärken, ist dort eine bestimmte Szene dargestellt, welche an eine Textstelle in *Buddenbrooks* anknüpft:

Das Speisezimmer mit Götterfiguren in der Belétage Buddenbrooks

»Zu Beginn des Jahres 72 ward der Hausstand der verstorbenen Konsulin aufgelöst. Die Dienstmädchen zogen davon, [...]. Dann standen Möbelwagen in der Mengstraße, und die Räumung des alten Hauses begann.«

Es wird die Nacht vor dem Auszug der Buddenbrooks dargestellt. Die Möbel sind schon verhüllt, für den Abtransport vorbereitet und mit Zetteln versehen, die ihren neuen Bestimmungsort kennzeichnen. Die Verhüllung der Szenerie gibt dem Betrachter die Möglichkeit, sich der ›materialisierten Literatur‹ zu nähern, ohne dass ihm die konkrete Raumsituation ein zu starres Betrachtungskorsett anlegt. Eben, weil man nicht alles sieht, muss man sich einiges vorstellen, soll man die Phantasie zu Hilfe nehmen und mit den eigenen Lese-Erfahrungen verbinden.

Im Jahr 2002 wurde das Buddenbrookhaus für seine außergewöhnliche Ausstellungskonzeption und seine Verdienste um das Verständnis des europäischen Kulturerbes mit dem Museumspreis des Europarates ausgezeichnet. Gewürdigt wurden die Darstellung der europäischen Dimension im Werk und Leben der Familie Mann und die innovative Gestaltung der Literatur-Ausstellung mit der Erfindung des ›begehbaren Romans‹.

Im Jahr 2004 gab es eine Sonderausstellung zu Thomas Manns Roman *Felix Krull*

Der Umbau des Hauses ermöglichte nicht nur mehr Ausstellungsfläche für Besucher, sondern auch eine verbesserte Verzahnung der vielfältigen Aktivitäten des Heinrich-und-Thomas-Mann-Zentrums. Die neuen Ausstellungen, unterschiedlich ausgerichtete Veranstaltungsangebote und -räumlichkeiten, eine wissenschaftliche Forschungsstelle sowie der Sitz der Literarischen Gesellschaften definieren die Funktionen des Buddenbrookhauses als Literaturhaus. Dazu gehört auch die Beschäftigung mit der Literatur der Gegenwart. Seit 2000 haben sich im Buddenbrookhaus zwei Lesereihen mit modernen Autoren etabliert: Zum einen macht die Litera Tour Nord regelmäßig im Haus Station, zum anderen hat das Heinrich-und-Thomas-Mann-Zentrum die Reihe »Debüt im Buddenbrookhaus« ins Leben gerufen. In Anlehnung an einen der bekanntesten Debütromane der Weltliteratur lädt das Haus Autoren ein, die einen vielversprechenden ersten Roman geschrieben haben, alle zwei Jahre wird das beste Debüt prämiert.

Heute kommen jährlich ca. 60 000 Besucher in das Buddenbrookhaus. Die Heinrich- und die Deutsche Thomas-Mann-Gesellschaft haben ihre Geschäftsstelle in der Mengstraße 4, die Jahrestagungen der Gesellschaften finden in Lübeck statt. In Zusammenarbeit mit anderen Familie-Mann-Institutionen organisiert das Heinrich-und-Thomas-Mann-Zentrum regelmäßig größere Sonder-

Schriftzug und Gedenktafel am Eingangsportal des Buddenbrookhauses

austellungen, z. B. über Thomas Manns Roman *Felix Krull* oder die *Kinder der Manns*. Bei der Ausstellungskonzeption versucht man stets neue Wege zu gehen, um Literatur für jeden erfahrbar zu machen und um aufzuzeigen, dass die Bücher von damals auch heute noch aktuell sind. Um Interesse für Literatur zu wecken, scheut man sich nicht, über den Tellerrand der Manns hinauszuschauen. So gab es zum Beispiel zum 100. Geburtstag von Astrid Lindgren im November 2007 eine Ausstellung über die Kinderbuchautorin, die auch ganz junge Besucher ins Haus lockte.

Zwei Filmproduktionen haben das Medien-Interesse am Buddenbrookhaus in den letzten Jahren besonders verstärkt: Die Mengstraße 4 war 2000 Drehort für das Doku-Drama *Die Manns* und im Sommer 2007 für die vierte Verfilmung von *Buddenbrooks* von Heinrich Breloer. Die beiden Produktionen zeigen, dass es auch im 21. Jahrhundert weiterhin ein reges Interesse an Thomas Mann und seinem Werk gibt und dass Thomas Mann recht hatte, als er 1904 über *Buddenbrooks* schrieb: »… und es ist gar nicht ausgeschlossen, dass man in Deutschland an diesen Gestalten noch seine Freude haben wird zu einer Zeit, wenn wir alle, die Urbilder und ich selbst, längst nicht mehr zu den Lebenden gehören.«

Das Buddenbrookhaus.
Leopold Thieme, Radierung

## Der »graue Giebel« im Werk Thomas Manns

»Haben die Buddenbrooks hier wirklich gelebt?« – eine Frage, die mancher Besucher im Haus Mengstraße 4 schon gestellt hat. Die Betonung liegt in diesem Satz auf dem Wort »hier«, die Zweifel des Fragestellers beziehen sich nicht auf die Existenz der Familie Buddenbrook, sondern auf die Authentizität des Ortes. Erstaunen zeigt sich dann in den Gesichtern der Fragenden, wenn man sie aufklärt, dass es mit dem Ort schon seine Richtigkeit habe, nur die Buddenbrooks habe es nicht in der Realität gegeben. Das Haus in der Mengstraße, das wir so selbstverständlich Buddenbrookhaus nennen, als hätte tatsächlich einmal eine Familie Buddenbrook darin gewohnt, verdankt seinen Namen einem fiktiven Roman. Seine Beschreibungen der Stadt, des Hauses und der Personen sind so real, dass viele Leser denken, es müsse in der Vergangenheit alles real existiert haben. Sicherlich hatte der Schriftsteller beim Schreiben des Romans seinen Heimatort, das Haus der Großeltern und seine Verwandten vor Augen. Aber zum einen verklären sich viele Dinge in der Erinnerung oder werden zum

Arbeit im Kontor. Robert Herlth, Skizze, 1959

anderen dem kreativen Willen des Schriftstellers unterworfen. So ist zum Beispiel das Vorbild für die Figur der Tony Buddenbrook Thomas Manns Tante Elisabeth: Vergleicht man die Lebensläufe von Tony und Elisabeth miteinander, stellt man Parallelen, aber auch Unterschiede fest, denn der Dichter hat für seine fiktive Romanfigur natürlich nur Elemente aus dem Lebenslauf der realen Person entnommen, die auch in die Dramaturgie des Romans passen. Ebenso fiktiv wie die Romancharaktere ist das Romanhaus, es hat eine unabhängige Familien-, Bewohner- und Baugeschichte. Situiert ist es in der Mengstraße gegenüber der Marienkirche, an dem gleichen Ort, an dem die Großeltern Thomas Manns tatsächlich ein Haus besaßen. Im Roman ist das Haus der Buddenbrooks 1682 von der Familie Ratenkamp erbaut worden. 1835 erwirbt es Johann Buddenbrook für 100 000 Courantmark – ein für die historische Zeit viel zu hoher Preis. Als Vergleich mag der Hinweis dienen, dass Thomas Manns Großvater für das Haus in der Mengstraße 1841 23000 Courantmark bezahlt hat. Das Haus der Buddenbrooks ist zwar auch ein repräsentatives Wohnhaus, vor allem aber ein Geschäftshaus. Im Erdgeschoss befinden sich die Kontorräumlichkeiten, die Diele ist so groß, dass Transportwagen hindurchfahren können, um z. B. Kornsäcke beim zweiten Gebäude auf dem Hof abzuladen. Manche Wagen fahren sogar »durch das ganze Grundstück bis zur Beckergrube«. An diesem Punkt zeigt sich

Das Portal Mengstraße 4. S. O. Sørensen, Bildillustration, 1953

Grünlich macht seine Aufwartung im Landschaftszimmer. Robert Herlth, Skizze, 1959

ein wesentlicher Unterschied zu dem Haus der Familie Mann: in der Realität hatte das Haus in der Mengstraße 4 kein so großes Portal, dass Kutschen hindurchfahren konnten.

Ähnlich wie bei der Beschreibung von Personen gibt Thomas Mann bei Räumen keine detaillierten Darstellungen, sondern er hebt wiederholend Einzelheiten hervor, die dazu dienen, einerseits Symbolhaftigkeit, andererseits aber auch Reduzierung auf Funktionen deutlich zu machen. So dient z. B. die demütige, ewig hungrige Klothilde als Kontrastfigur für Tony Buddenbrook. Über das Seelenleben des stillen Mädchens erfährt man nichts, sie ist immer nur die »arme Klothilde« – in vielfacher Hinsicht: aus verarmtem Adel stammend, arm an äußerer Ausstrahlung, arm an Worten und Körpergewicht. Eine gleichsam einschränkende Beschreibung erhält die Fassade des Hauses. Sie wird kunsthistorisch nicht näher eingeordnet, sondern nur als »grauer Giebel« bezeichnet. Orientiert man sich an dem Datum 1682, so hätte es eine hochbarocke Vorderfront geben müssen. Doch der Leser erfährt bis auf den Spruch über dem Eingang – »Dominus providebit« – keine weiteren Einzelheiten über die Gestaltung der Fassade. Dagegen beschreibt er, dass das rückwärtige Gartenhaus eine Rokoko-Fassade und das gegenüberliegende Rathaus eine gotische Front haben. Dieses Detail veranschaulicht die Strategie, mit der Thomas Mann ›Raum‹ zu erzählerischen Zwecken einsetzt, denn um eine kulturhistorisch-realistische Darstellung des Hauses in der Mengstraße ging es ihm nicht. Nur handlungs-

Grünlichs (Michael Degen) Kniefall vor Tony (Reinhild Solf). Szenenfoto, 1979

Grünlichs (Robert Graf) Werbung um Tony (Lilo Pulver). Szenenfoto, 1959

relevante Räume und Einzelstücke werden beschrieben, ihre Bedeutung lässt sich der Detailgenauigkeit ihrer Beschreibung entnehmen. So sind das Landschaftszimmer und der Speisesaal die wichtigsten Räume für die Handlung – sie werden als Erstes eingeführt und gleich ausführlich beschrieben. Ihre Bedeutung als Pole, zwischen denen das Familienleben gespannt ist, wird von Tony am Ende des Romans noch einmal beschworen, als es um den Verkauf des Hauses nach dem Tode der Großmutter geht: »Unser Haus! [...] Das Landschaftszimmer! Der Eßsaal! Fremde Leute ...!«

Schon auf den ersten Seiten des Romans erhält der Leser eine genaue Vorstellung von der Einrichtung und der Dekoration ihrer Räumlichkeiten: »Man saß im ›Landschaftszimmer‹, im ersten Stockwerk des weitläufigen alten Hauses in der Mengstraße, das die Firma Johann Buddenbrook vor einiger Zeit käuflich erworben hatte und das die Familie noch nicht lange bewohnte. Die starken und elastischen Tapeten, die von den Mauern durch einen leeren Raum getrennt waren, zeigten umfangreiche Landschaften, zartfarbig wie der dünne Teppich, der den Fußboden bedeckte, Idylle im Geschmack des 18. Jahrhunderts, mit fröhlichen Winzern, emsigen Ackersleuten, nett bebänderten Schäferinnen, die reinliche Lämmer am Rande spiegelnden Wassers im Schoße hielten oder sich mit zärtlichen Schäfern küßten. ... Ein gelblicher Sonnenuntergang herrschte meistens auf diesen Bildern, mit dem der gelbe Überzug der weiß lackierten Möbel und die gelbseidenen Gardinen vor den beiden Fenstern übereinstimmten.«

Festlich gedeckte Tafel im Speisesaal. Szenenfoto, 1979

Ein Toast im ›Götterzimmer‹. Gustl Halenke als Clara, Frank Freytag als Tiburtius und Hans Paetsch als Arnoldsen. Szenenfoto, 1959

Die Schilderung wirkt sehr realistisch, erst im späteren Verlauf des Romans wird eine Literarisierung des Raumes augenfälliger: das leitmotivische Element der Farbe Gelb ist hier schon deutlich angelegt. Es wiederholt sich augenfällig im goldgelben Backenbart von Grünlich, den gelblichen Zähnen von Thomas, der gelbreifen Ernte von Pöppenrade und zeigt sich als Omen für negative Entwicklungen in der Familie. Der Dichter weist den Leser darauf hin, dass nicht nur eine Räumlichkeit, eine Situation aufgezeigt, sondern darüber hinaus eine Stimmung vermittelt werden soll. Ebenso verhält es sich bei der Beschreibung des Speisesaals:

»Aus dem himmelblauen Hintergrund der Tapeten traten zwischen schlanken Säulen weiße Götterbilder fast plastisch hervor. Die schweren roten Fenstervorhänge waren geschlossen, und in jedem Winkel des Zimmers brannten auf einem hohen, vergoldeten Kandelaber acht Kerzen, abgesehen von denen, die in silbernen Armleuchtern auf der Tafel standen. Über dem massigen Büffet, dem Landschaftszimmer gegenüber, hing ein umfangreiches Gemälde, ein italienischer Golf, dessen blaudunstiger Ton in dieser Beleuchtung außerordentlich wirksam war. Mächtige, steiflehnige Sofas in rotem Damast standen an den Wänden.«

Der Beschreibung nach muss es sich um einen sehr großen Saal handeln, der in seiner Repräsentanz in jeglicher Hinsicht einem Patrizierhaus entspricht.

Die Säulenhalle. Robert Herlth, Skizze, 1959

Die Säulenhalle im *Buddenbrooks*-Film von 1959

Während das Landschaftszimmer sich aufgrund seiner Gestaltung eher für die Unterhaltung und Geselligkeit eignet – Johanns Flötenspiel, Gerdas Geigen-Duos, Grünlichs Werbung, Permaneders Vorstellung –, so ist der Speisesaal mit seiner massigen Einrichtung den gewichtigen Ereignissen und Situationen vorenthalten – Weihnachten, Gottholds Forderungen, Jerusalemsabende, Aufbahrung von Verstorbenen.

Die Säulenhalle als Vorraum zu den beiden anderen Zimmern wird zwar häufig erwähnt, aber nicht näher beschrieben. Anfangs wird sie als »dunkel« geschildert, was objektiv betrachtet an der Tatsache liegt, dass sie räumlich zwischen Belétage und Treppe liegt und somit kein direktes Sonnenlicht erhält. Die Dunkelheit der Halle wird aber von Thomas Mann als stilistisches Mittel eingesetzt, so versinnbildlicht sie die düstere Stimmung von Jean Buddenbrook, als er nach der Einweihungsfeier seinem Vater einen Brief seines Stiefbruders präsentieren muss, der unangenehme Nachrichten enthält: »Er ging hinauf, und noch in der dunklen Säulenhalle machte seine Hand eine Bewegung nach der Brusttasche, wo das Papier knisterte.« In der Halle versammeln sich zu Feierlichkeiten die Dienstboten und armen Leute, hier stehen die Kindertische bei großen Festen, hier heiratet Clara – Ereignisse von zweitrangiger Natur und wenig Repräsentanz finden in dieser Vorhalle statt.

Das Frühstückszimmer im Seitenflügel des Hauses enthält nach Thomas

Das Frühstückszimmer. Robert Herlth, Skizze, 1959

Eintragung von Tony in die Familienpapiere.
P. Rosié, Buchillustration, 1974

Manns Beschreibung nur ein Möbelstück: den großen, braunen Sekretär am Fenster. Was diesen Einrichtungsgegenstand so bedeutend macht, ist die Tatsache, dass sich auf diesem Sekretär die Familienpapiere befinden. Thomas Manns selektive Beschreibungsart wird hier sehr deutlich aufgezeigt – es wird nicht der Darstellung, sondern der inhaltlichen Bedeutung wegen beschrieben: Der Autor leitet den Leser, indem er ihn auf bestimmte Elemente fokussiert. Der Fokus entsteht dadurch, dass er alles andere ausspart.

Dass Räume auch als Symbol für den Verfall stehen, zeigt keine Stätte besser als der Billardsaal: Beim Einweihungsessen als Rückzugsort für den Hausherrn und seine Gleichgesinnten gepriesen, verkommt das Gebäude seit dem Tode von Jean Buddenbrook. Am Ende ist die Treppe völlig verfallen, und die Fußböden drohen einzubrechen. Hier deutet sich an, was Tony die ganze Zeit befürchtet: die Buddenbrooks haben »abgewirtschaftet«. Nur noch eine freie Katzenfamilie belebt diese Räumlichkeit. Die Katzen, Sinnbild der Willensfreiheit, weisen den Weg für das Zukünftige: Hagenström kauft das Grundstück Mengstraße 4, lässt das kaputte Rückgebäude abreißen und setzt einen neuen, schmucken und luftigen Bau hin. Zwar schmückt sich Hagenström gern mit dem stattlichen Vordergebäude, aber er nimmt sich auch die Freiheit, Altes und Überkommenes zu entfernen. Die bürgerlichen Traditionen und Werte sind der Familie Buddenbrook sehr wichtig, da diese die Spielregeln ihres Lebens sind, an die sie sich unabdinglich halten und die ihnen anfänglich zu Stärke verhelfen. Ausdruck

Hagenström (Wolfgang Wahl) kauft das Haus Mengstraße 4. Szenenfoto, 1959

dieser Stärke ist das Bürgerhaus in exponierter Lage. Hagenström lebt nach moderneren Regeln und ignoriert teilweise die Traditionen. Er ist aber klug genug zu erkennen, dass er bürgerliche Insignien benötigt, um in der konservativen Gesellschaft vorwärts zu kommen und an Einfluss zu gewinnen. Aus diesem Grund nutzt er das repräsentative Vorderhaus, um seinen Status zu verdeutlichen.

Bei der Beschreibung der Diele zitiert sich Thomas Mann selbst, denn in der Novelle *Tonio Kröger*, welche Thomas Mann während der Entstehungszeit von *Buddenbrooks* schrieb, findet sich eine fast wortgleiche Raumbeschreibung, deren Detailliertheit auf eine reale Vorlage schließen lässt: »Die weite Diele, mit großen, viereckigen Steinfliesen gepflastert, widerhallte von seinen Schritten. Der Küche, in der es still war, sprangen wie vor alters in beträchtlicher Höhe die seltsamen, plumpen, aber reinlich lackierten Holzgelasse aus der Wand hervor, die Mägdekammern, die nur durch eine Art freiliegender Stiege von der Diele aus zu erreichen waren.« Auch die weiteren Schilderungen von Tonio Krögers Elternhaus zeigen, dass Thomas Mann beim Schreiben der Novelle das Haus seiner Großeltern vor Augen hatte: »Es stand, eingeschlossen von den Nachbarhäusern, die sein Giebel überragte, grau und ernst wie seit dreihundert Jahren, und Tonio Kröger las den frommen Spruch, der in halb verwischten Lettern über dem Eingang stand.«

Tonio Kröger in der Volksbibliothek.
Erich M. Simon, Buchillustration, 1913

*Tonio Kröger*-Ausgabe von 1913
mit Bildillustrationen von Erich M. Simon

Als Thomas Mann Anfang September 1899 von München nach Dänemark reiste, blieb er eine Nacht in Lübeck. Bei dieser Gelegenheit hat er das Haus in der Mengstraße 4 besucht – Beleg dafür ist eine Textstelle in *Tonio Kröger:* Tonio besucht das Haus, das einst seiner Familie gehörte, und findet in einigen Räumen eine »Volksbibliothek« vor: »Das Geschoß war drei Stuben tief, deren Verbindungstüren offenstanden. Die Wände waren fast in ihrer ganzen Höhe mit gleichförmig gebundenen Büchern bedeckt, die auf dunklen Gestellen in langen Reihen standen.« Irritiert streift er durch die Zimmer, in denen früher die Wohnräume seiner Familie waren, und »er fand, dass hier weder das Volk noch die Literatur etwas zu suchen hatten«. Diese literarische Äußerung könnte als Zeichen des Missfallens Thomas Manns über die neue Nutzung des Bürgerhauses gedeutet werden.

Das Haus der Großeltern ist aber nicht erst seit *Tonio Kröger* in Thomas Manns Literatur eingegangen. Schon in *Der kleine Herr Friedemann* von 1897 erscheint »das graue Giebelhaus«, und es »lag am nördlichen Tore der alten, kaum mittelgroßen Stadt. Durch die Haustür betrat man eine geräumige, mit Steinflie-

Erstausgabe des Novellenbandes *Der kleine Herr Friedemann* von 1897 mit einem Titelbild von Wilhelm Schulz

Erstausgabe des Novellenbandes *Tristan* von 1903 mit einem Titelbild von Alfred Kubin

sen versehene Diele, von der eine Treppe mit weißgemaltem Holzgeländer in die Etagen hinaufführte. Die Tapeten des Wohnzimmers im ersten Stock zeigten verblichene Landschaften, und um den schweren Mahagonitisch mit der dunkelroten Plüschdecke standen steiflehnige Möbel.«

Fast zur gleichen Zeit entstand die Erzählung *Der Bajazzo*. Der Protagonist wächst in einem »großen altersgrauen Patrizierhause« auf, das »lag inmitten der Stadt und hatte vier Generationen von vermögenden und angesehenen Kaufleuten überdauert: »Ora et labora« stand über der Haustür, und wenn man von der weiten, steinernen Diele, um die sich oben eine Galerie aus weißlackiertem Holze zog, die breite Treppe hinangestiegen war, so musste man noch einen weitläufigen Vorplatz und eine kleine, dunkle Säulenhalle durchschreiten, um durch eine der hohen, weißen Türen in das Wohnzimmer zu gelangen [...].« Und auch Gabriele Klöterjahn aus *Tristan* ist in einem »grauen Giebelhause, einem alten Kaufmannshause mit hallender Diele und weißlackierter Galerie« geboren.

Seine frühen Erzählungen zeigen, wie sehr das großelterliche Haus die Erinnerung des Schriftstellers geprägt hat. Nicht das 1883 neu erbaute Haus seines

Vaters in der Beckergrube, in dem Thomas Mann zehn Jahre gelebt hat, verewigt er in seiner Literatur, sondern das von vielen Generationen geprägte Gebäude in der Mengstraße. Er sagte 1942 in einer BBC-Rede: »Das alte Bürgerhaus [...] war mir das Symbol der Überlieferung, aus der ich wirke.« Das Haus steht damit auch stellvertretend für seine Heimatstadt und deren Tradition, die ihn geprägt hat. Im *Doktor Faustus* formuliert Thomas Mann es für den fiktiven Ort Kaisersaschern so: »Hat Kaisersaschern ihn jemals freigegeben? Hat er es nicht mit sich genommen, wohin immer er ging, und ist er nicht von ihm bestimmt worden, wann immer er zu bestimmen glaubte?« Der Dichter schrieb diese Zeilen wahrscheinlich Anfang 1944 in Kalifornien. Der schwerkranke Franz Werfel schrieb ihm in einem Brief, dass er gerade *Buddenbrooks* wieder gelesen hätte, und nannte es ein »unsterbliches Meisterwerk«. Dieser Brief brachte den Dichter zum Nachdenken über sein Debütwerk, und er kam zu dem Schluss, dass sein »gegenwärtiges dichterisches Anliegen ja etwas wie eine späte Rück- und Heimkehr in die deutsch-altstädtische Sphäre des Erstlingsromans« sei. In seinem großen Altersroman wird seine Heimatstadt wieder präsent, hier trägt die Stadt den Namen ›Kaisersaschern‹, in den anderen Werken wird sie nur als »mittelgroße Handelsstadt« oder »norddeutscher Heimatort« gekennzeichnet – der Name Lübeck fällt nie. Aber auch das Haus erscheint wieder – 50 Jahre nach der ersten literarischen Verarbeitung. Thomas Mann beschreibt das stattliche Wohnhaus von Adrian Leverkühns Onkel: »Dreistöckig, die Räume des abgesetzten und erkerförmig ausgebauten Daches nicht mitgezählt, war es ein Bürgerhaus aus dem sechzehnten Jahrhundert, das schon dem Großvater des Besitzers gehört hatte, mit fünf Fenstern Front im ersten Stock über dem Eingangstor [...].«

Wie schon bei *Buddenbrooks*, den er hauptsächlich in Italien schrieb und in dem er *sein* Lübeck und *sein* Haus in der Mengstraße zeichnete, holt sich Thomas Mann fern des zerstörten Vaterlandes in seinem Roman *Doktor Faustus* die Heimat und den Geburtsort mit dem alten Familiensitz gedanklich wieder zurück und beweist so die Bedeutung des Heimatortes und seiner biographischen Bezüge.

1901 wurde die erste Ausgabe von *Buddenbrooks* in einer Auflage von 1000 Stück gedruckt

Britta Dittmann

# *Buddenbrooks* heute

## Vom Titelbild zum Comic – die Verbildlichung eines Romans

Die erste Begegnung mit einem Buch verläuft sehr häufig über den Umschlag: Ein Blick auf das Cover genügt, um einen ersten prägenden Eindruck von einer Publikation zu gewinnen. Buchumschläge müssen nicht nur ästhetisch attraktiv sein und den Kunden intuitiv ansprechen, sondern sollten auch das Genre und das Thema kenntlich machen. Im besten Fall hält der Inhalt, was der Umschlag verspricht. Es gibt aber auch die vertanen Chancen: hervorragende Bücher mit Umschlägen, die ihre Zielgruppe nicht ansprechen. Beinahe wäre Thomas Manns Debütroman auch eine dieser vertanen Chancen geworden.

Die Erstausgabe von *Buddenbrooks* erschien 1901 in zwei Bänden, den gelblichen Papierumschlag zierte nur das Verlagssignet, der Leineneinband war

Die einbändige Volksausgabe von 1903 (Reprint, 1997)

Ausgabe von 1930 mit dem Einband von Wilhelm Wagner

Portugiesische Erstausgabe von 1942

zeitgemäß mit einem Jugendstil-Rahmen versehen. Diese schlichte Ausgabe verkaufte sich sehr zögerlich. Erst bei der zweiten Auflage wurde ein Bild-Motiv verwendet: Die nun einbändige Ausgabe von 1903 zeigt eine Straßenszenerie. Vielleicht lag es am idyllischen Einband, vielleicht daran, dass der Untertitel *Verfall einer Familie* fehlte, vielleicht aber auch am günstigeren Preis – jedenfalls verkaufte sich diese Auflage sehr viel besser als die erste, und von jetzt an »begannen sich die Auflagen einander zu jagen«, berichtete Thomas Mann. Mancher Leser dieser Ausgabe wird sich fragen, welche Lübecker Straße auf dem Titelbild abgebildet sei. Das Rätsel ist mittlerweile gelöst worden: Es handelt sich nicht um eine Abbildung aus Lübeck, sondern aus Lüneburg. Der gebürtige Lüneburger Zeichner Wilhelm Schulz (1865–1952) hatte die »biedermeierliche Umschlagzeichnung« gestaltet und dabei Motive von Straßenzügen seiner Heimatstadt mit eingearbeitet. Die Umschlagzeichnung zeigt eine norddeutsche Kleinstadtidylle und erlaubt dem Käufer schon einen Einblick in die kleinen, verwinkelten Gassen des Romanschauplatzes.

Bereits zwei Jahre nach seinem Erscheinen wurde der Roman ins Dänische übertragen. Mittlerweile ist *Buddenbrooks* in 40 Sprachen übersetzt. Ein Blick

Japanische Taschenbuchausgabe von 1993

Dänische Ausgabe von 1931

auf die Titelbilder der ausländischen Ausgaben zeigt, dass häufig der Versuch gemacht wird, mit einem Bildmotiv für den Roman zu werben. Welcher Art diese Motive sind, soll in einer exemplarischen Auswahl kurz vorgestellt werden.

Eine portugiesische Übersetzung von 1942 zeigt auf ihrem Titelblatt eine Straßen-Szene, welche durch Bäume, Personen und eine Kutsche belebt wirkt. Beherrscht wird die Szenerie durch ein Gebäude mit einer gotischen Fassade und einem für die norddeutsche Backsteingotik typischen Treppengiebel. Insgesamt scheint das idyllische Bild dem Untertitel *Decadencia duma familia* zu widersprechen, Schein und Sein werden hier schon angedeutet.

Einige ausländische *Buddenbrooks*-Ausgaben verwendeten Fotos oder Zeichnungen von Lübeck auf dem Titelblatt und verwiesen somit direkt auf den Ort des Geschehens. So zeigt z. B. eine japanische Taschenbuchausgabe ein historisches Foto von Lübeck – ein Blick auf die Stadt von Nordwesten vor 1880: die über allem thronende Marienkirche, eine Reihe Gebäude mit Giebeln aus den verschiedensten Epochen, davor Handelsschiffe. Eine dänische Übersetzung zeigt auf seiner Titelzeichnung einen Straßenzug in Lübeck, der das Verwinkelte und Historisierende beispielhaft verkörpert.

Ausgabe der Deutschen Buchgemeinschaft von 1930

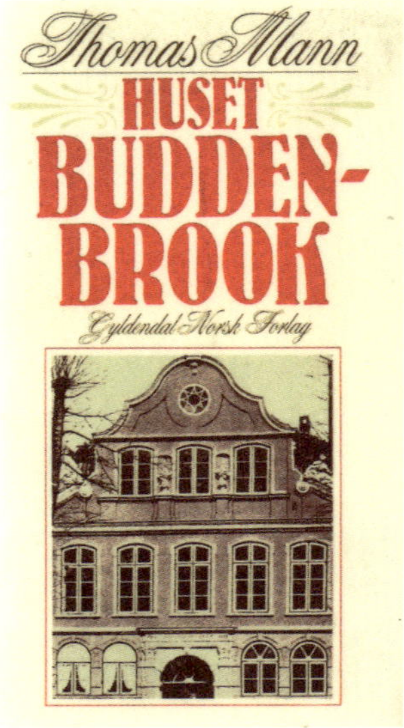


Norwegische Taschenbuchausgabe von 1980

Lettische Ausgabe von 1982

Das Haus in der Mengstraße 4 erschien erstmals als Motiv auf einem deutschen Buchtitel einer Lizenzausgabe einer Buchgemeinschaft im Jahr 1930. Während der Fischer Verlag, immerhin Thomas Manns Hausverlag, erst in den 80er Jahren in seiner Taschenbuchausgabe den Rokoko-Giebel des Hauses zeigte, erschien schon vorher bei Buchgemeinschaftsausgaben werbewirksam das Buddenbrookhaus. Die Verwendung des Haus-Motivs auf dem Titelbild ist bei den Übersetzungen stets beliebt. Die aktuelle französische Taschenbuchausgabe zeigt den historischen Giebel des Buddenbrookhauses, das Bild ist ein Ausschnitt aus dem ältesten Foto des Hauses von 1870. Auch eine norwegische Taschenbuchausgabe hat ein Foto vom historischen Buddenbrookhaus vor der Zerstörung 1942. Eine lettische Übersetzung präsentiert ein weißes Gebäude mit einem Rokoko-Giebel, welcher dem des Buddenbrookhauses ähnelt. Es handelt sich aber um ein anderes Gebäude, vielmehr macht es den Anschein, als sei es Teil eines Anwesens, denn der Vordergrund zeigt ein großes, filigran verziertes Tor, welches sich gerade zum Haus hin öffnet: Der Leser wird eingeladen, in ein herrschaftliches Anwesen einzutreten. Somit wird das Umfeld, in dem die Handlung spielt, schon festgelegt. Die letzte Übersetzung von *Buddenbrooks*

Isländische Ausgabe von 2000

Französische Taschenbuchausgabe von 1965

Französische Taschenbuchausgabe von 2007

erfolgte 2000 ins Isländische. Die Buchausgabe zeigt auf dunkelblauem Hintergrund eine stilisierte Zeichnung der Fassade des Buddenbrookhauses, unter dem Bild steht auf Isländisch: Buddenbrookhaus/Mengstraße/Lübeck. Das symbolischste Titelblatt hat eine französische Taschenbuch-Ausgabe von 1995: ein Haus mit den typischen Merkmalen der Backsteingotik versinkt im Wasser. Die Verfallsgeschichte der Familie Buddenbrook, ihr gesellschaftliches Absinken in den Gewässern der Zeitgeschichte ist damit illustrativ auf den Punkt gebracht.

Neben Stadtszenen und Hausansichten ist ein weiteres beliebtes Motiv der bürgerliche Mensch. Familie, Bürgertum und Dekadenz sind die Begriffe, die auf ausländischen Buchausgaben auf dem Titel gemeinsam dargestellt werden. Eine italienische Taschenbuchausgabe zeigt das Gemälde *Ein Abend bei Johann Strauss* des Jugendstilzeichners Franz von Bayros. Der Betrachter sieht eine Gruppe von gut gekleideten Männern und Frauen, die sich um ein Klavier gruppieren. Neben den schwarzen Anzügen der Herren wirken die Kleider der Damen opulent, auch die Raumausstattung erscheint feudal. Die Personen scheinen dagegen eher desinteressiert. Insgesamt wird ein Eindruck luxuriöser Dekadenz vermit-

Italienische Taschenbuchausgabe von 1996

Englische Taschenbuchausgabe von 1957

telt. Ein ähnlicher Eindruck zeigt sich auch auf finnischen und portugiesischen Ausgaben.

Ähnlich wie bei der Abbildung von bestimmten Häusern wird mit den Personen – und hier schon mit der Kleidung – auf den gesellschaftlichen Stand verwiesen. Eine bestimmte Kleiderart ist das Merkmal des Titelblatts einer englischen Ausgabe: Es werden drei blonde Jungen gezeigt, der mittlere trägt einen Matrosenanzug – wie Hanno Buddenbrook. Das Bild ist ein Ausschnitt aus einem Gemälde von Edvard Munch mit dem Titel *Die vier Söhne des Dr. Max Linde*. Das Porträt stammt aus dem Jahr 1903, der wohlhabende Arzt Max Linde lebte in Lübeck und war ab 1902 mit Munch befreundet, welcher ihn häufig besuchte. Dieser Umschlag ist in doppelter Weise bemerkenswert: Er zeigt echte Lübecker Bürgersöhne und zugleich ein sehr bekanntes Kunstwerk, das in Lübeck entstanden ist – relativ zeitnah zum Roman *Buddenbrooks*. Hier wirbt ein Lübecker Kunstwerk für ein zweites. Die klare Bildsprache lässt unzweifelhaft erkennen, dass es sich um ein Familienthema handelt, welches um die Zeit der Jahrhundertwende oder davor im Bürgermilieu angesiedelt ist.

Zwei ausländische Umschläge wählen Romanszenen, um andere Aspekte

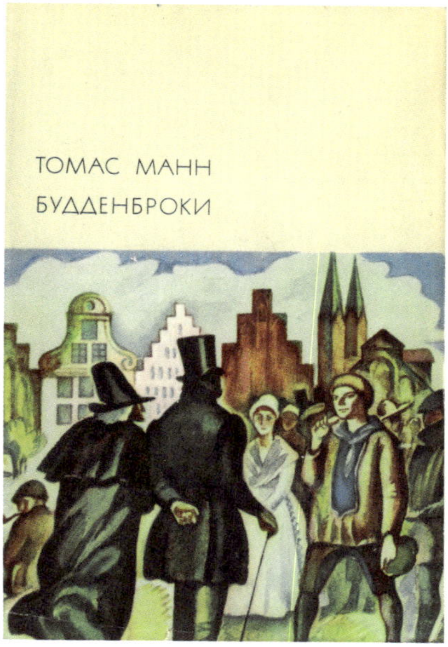

Russische Ausgabe von 1969

Türkische Ausgabe von 1970

als den bürgerlichen Verfall im Roman zu suggerieren. Eine russische Ausgabe von 1964 zeigt die Revolutionsszene mit Corl Smolt auf dem Titel. Im Hintergrund ist eine stilisierte Häuserfront mit verschiedenen Giebeln und einer doppeltürmigen Kirche zu sehen, welche die Bürgerstadt andeutet. Im Vordergrund des Bildes stehen statisch zwei schwarz gekleidete Bürger, die dem Betrachter den Rücken zukehren, während die Arbeiter offen und dynamisch sich dem Betrachter zuwenden. Der russische Leser wird mit dem Bild, welches im Stil des sozialistischen Realismus gehalten ist, subtil darauf hingewiesen, dass in dem bourgeoisen Milieu des Romans auch revolutionäre Tendenzen, der Konflikt zwischen Bürger und Arbeiter, thematisiert werden. Auf einem türkischen Cover ist im Vordergrund ein gutbürgerlich gekleideter Mann zu sehen, der mit einer Zigarette im Mund eher lässig aussieht, dessen maskulin-herbe Gesichtszüge aber sehr herrisch wirken. Im Hintergrund ein Flügel, vor dem eine elegant gekleidete rothaarige Dame mit einer Violine in der Hand steht. Es handelt sich hier leicht erkennbar um Gerda und Thomas Buddenbrook. Allerdings wirkt die türkische Interpretation von Thomas deutlich willensstärker und dominanter als die vom Autor im Roman beschriebene Figur.

Innentitel der *Buddenbrooks*-Ausgabe mit Bildillustrationen von Svend Otto Sørensen

Titelbild der Sonderausgabe *Weihnachten bei den Buddenbrooks*

Die verschiedenen Umschlagmotive zeigen, dass schon das Cover eine bestimmte Lesart des Buches nahelegt und der Roman mal als Lübeck-Roman, mal als historischer Roman oder als Familiengeschichte beworben wird.

**Buddenbrooks – illustriert** Trotz vielfacher Ausgaben und zahlreicher Übersetzungen ist *Buddenbrooks* bislang erst zweimal mit Illustrationen erschienen. Eine stammt von dem dänischen Maler Svend Otto Sørensen (1916–1996), der als Svend Otto S. die dänische Übersetzung von 1953 mit 51 Zeichnungen ausgestattet hat. In einer Neuauflage wurden die Bilder 1974 noch einmal abgedruckt. Interessanterweise erscheinen in dem gleichen Jahr auch erstmals Illustrationen aus dem deutschsprachigen Raum: Der Verlag Neues Leben garnierte die Romanauflage aus Anlass des 25-jährigen Bestehens der DDR in seiner Reihe »Klassikerausgaben in moderner Ausstattung« mit Bildern des Berliner Zeichners Paul Rosié (1910–1984).

Zusätzlich gibt es noch das aus dem Roman ausgegliederte Weihnachtskapitel aus *Buddenbrooks*, das der Fischer Verlag mit Zeichnungen von Reinhard Michl 2005 veröffentlichte. Die 15 Vignetten enthalten größtenteils gegenständ-

Thomas und Tony. P. Rosié, Buchillustration, 1974

Buchumschlag der *Buddenbrooks*-Ausgabe mit den Bildillustrationen von Paul Rosié

liche Motive des Weihnachtsfestes, z. B. Christbaumschmuck, das Puppentheater oder die Chorknaben. Es werden keine Szenen vorgeführt, auch abgebildete Figuren bleiben Randverzierung, die Bilder sind dem Text nicht interpretierend, sondern nur schmückend an die Seite gestellt.

Paul Rosié, der 1950 auch Heinrich Manns *Professor Unrat* mit Illustrationen versehen hat, publiziert in *Buddenbrooks* die stattliche Anzahl von 75 Bildern, die in Bezug auf die elf Romanteile ungleichmäßig verteilt sind. Der Zeichner legt seinen Schwerpunkt auf die Figuren und setzt vor allem auch Randgestalten charakteristisch, teilweise karikaturistisch in Szene. Seine Bilder haben feste klare Linien und einfache Hell-Dunkel-Kontraste. Auffällig ist die Rahmung jeder Illustration. Somit schafft er Distanz zum Text und betont die Eigenständigkeit der Darstellung. Rosié konzipiert die Illustrationen so, dass sie den Text nicht nur in Bezug auf Personen, Ereignisse oder Handlungsorte erläuternd schmücken, sondern ihn auch kommentieren und werten. Die Auswahl seiner Motive zeigt, dass er häufig nicht die handlungstragenden Szenen ins Bild setzt, sondern die Aufmerksamkeit lieber auf Beiläufiges lenkt und den Blick für die Besonderheit dieser Familie schärfen will. So legt er z. B. ein Hauptaugen-

Verabschiedung der Gäste nach dem Festessen. S. O. Sørensen, Buchillustration, 1953

merk auf die Beziehung zwischen Tony und Thomas und widmet ihr mehrere Bilder.

Der in Kopenhagen geborene S. O. Sørensen hat vor allem mit seinen Illustrationen der Märchen der Brüder Grimm und H. C. Andersens internationale Bekanntheit erlangt. Seine Bilder sind mehrfach ausgezeichnet worden, u. a. mit der Andersen-Medaille und dem Internationalen Jugendbuchpreis. Neben zahlreichen Kinderbüchern hat er aber auch immer wieder Werke der Weltliteratur illustriert, z. B. Herman Bang, Franz Kafka, Jane Austen, Walter Scott und Charles Dickens. Der Däne konzentriert sich in seinen Zeichnungen, die auch den einzelnen Romanteilen voranstehen und sie durch ihr Motiv thematisch einleiten, auf die Atmosphäre von Szenen und des Schauplatzes statt auf eine Charakterisierung von Figuren. Im Durchschnitt enthält ein Teil fünf Zeichnungen. Die feinstrichigen Bilder werden von einer sorgfältigen Lichtdramaturgie dominiert: Lange, parallele Linien stehen einer teilweise engmaschigen Kreuzschraffur gegenüber. Die Darstellung erscheint skizzenhaft, Figuren wirken häufig wie Schatten, sogar Hauptcharaktere wie Tony und Thomas bleiben schemenhaft.

Bendix Grünlich, Buchillustrationen.
*Oben:* P. Rosié, 1974
*Rechts:* S. O. Sørensen, 1953

Alois Permaneder, Buchillustrationen.
*Oben:* P. Rosié, 1974
*Rechts:* S. O. Sørensen, 1953

Den alten Johann Buddenbrook als Repräsentanten des Goethe-Zeitalters versieht der dänische Zeichner mit der Optik des alternden Dichters. Nebenfiguren wie Grünlich, Permaneder und Kesselmeyer erhalten ein konkretes ›Gesicht‹. Wie Rosié, so nutzt auch er bei diesen Figuren die Möglichkeit zur Karikatur, die schon in Thomas Manns Beschreibung angelegt ist. Bei der Figur des Permaneder hat der Autor sogar selbst eine Karikatur aus dem *Simplicissimus* als Vorlage genommen. Beide Zeichner zeigen mit der Personalisierung der Charaktere zugleich, dass diese Figuren für die Familiengeschichte der Buddenbrooks eine wesentliche Rolle spielen.

Im Vergleich zu Rosié, dessen Darstellungen eher statisch erscheinen, zeigen zahlreiche Bilder von Sørensen dynamisches Alltagsleben: Personen laufen, Kutschen fahren, Menschen arbeiten. Dagegen stehen die wenigen Momente, in denen innegehalten und Gefühle gezeigt werden: wenn Tony und Morten am Meer liegen und sich ihrem Glück hingeben oder Anna Iversen am Totenbett des ehemals geliebten Thomas Buddenbrook steht. Todesfälle und Abschiede in der Familie Buddenbrook werden bei Sørensen immer wieder thematisiert: Tonys

Der Brief von Gotthold.
P. Rosié, Buchillustration, 1974.

*Oben:* Hoffstede trägt vor. S. O. Sørensen, Buchillustration, 1953
*Rechts unten:* Grünlichs Bankrott. S. O. Sørensen, Buchillustration, 1953

Abfahrt nach Hamburg oder der dramatische Moment des Zusammenbrechens von Lebrecht Kröger. Einzig Hannos Tod wird ausgespart. Die Unterschiede in der Darstellung der Illustratoren sind bei der bildlichen Darstellung des Endes von Thomas Buddenbrook besonders augenfällig: Während bei Sørensen nur der einsam daliegende Zylinder die Tragweite der Situation symbolisiert, schildert Rosié die Situation mit dem gestürzten Senator samt gefallenem Zylinder sehr drastisch und plakativ.

Zentrale Romanszenen illustrieren beide Zeichner ganz ähnlich: 1. Jean-Jacques Hoffstede trägt ein Gedicht vor, 2. Gotthold schreibt einen Brief an seinen Vater und 3. Grünlichs Bankrott. Alle drei Momente haben einen hohen Wiedererkennungseffekt und repräsentieren gebündelt die elementaren Etappen des Romans: Die erste Darstellung fängt ein stimmungsvolles Szenario ein, in dem Glanz und Feierlichkeit herrschen. Beim zweiten Motiv offenbaren sich schon Risse in der nach außen hin demonstrierten Familienharmonie, und die dritte Szene zeigt die Folgen falsch verstandener Familienehre: Das Schicksal zweier Menschen steht auf dem Spiel.

Die Weihnachtsfeierlichkeiten nutzen beide Illustratoren, um Christian Buddenbrooks Rolle zu untersuchen. Die Zeichnungen legen bloß, wie Christian

Christian marschiert in das Weihnachtszimmer.
S. O. Sørensen, Buchillustration, 1953

Hanno, Christian und das Puppentheater. P. Rosié, Buchillustration, 1974

Tony trifft auf Grünlich. P. Rosié, Buchillustration, 1974

durch seine unkonventionelle und unangepaßte Art bei dem bürgerlichsten aller Feste auffällt: Sørensen zeigt ihn als Hampelmann, »Oh Tantebaum« singend. Rosié dagegen porträtiert den einfühlsamen und melancholischen Onkel, der als einziger Hannos Leidenschaft für Puppentheater versteht. Rosiés Darstellung des alternden Christian legt die Vermutung nahe, dass er ein Foto von Thomas Manns Onkel Friedrich Mann zum Vorbild nahm, dem auch Thomas Mann seine Figur nachempfunden hatte – zu auffällig sind die Ähnlichkeiten.

Die Stadt Lübeck ist in beiden Bildwelten präsent. Für Paul Rosié ist die Stadt lediglich Kulisse: Er zeigt prominente Gebäude wie die Jakobi-Kirche als Hintergrund des Zusammentreffens zwischen Tony und Grünlich, die Marienkirche bei Idas Spaziergängen mit Erika und die Schiffergesellschaft bei dem Treffen von Thomas und den Gerhard-Schwestern. Sørensen greift gleich zu Beginn des Romans das bekannteste Gebäude der Stadt auf, das Thomas Mann nie direkt benennt: das Holstentor. Örtlichkeiten wie den Markt, die Puppenbrücke oder auch Travemünde stellt er atmosphärehalber dar, ohne sie mit einer Romanszene in Verbindung zu bringen. Das Burgtor und das Rathaus nutzt Sørensen für Tonys Heimkehr aus Travemünde oder die Revolutionsszene, wählt

Das Aegidieneck. S. O. Sørensen, Buchillustration, 1953

Makler Gosch.
P. Rosié, Buchillustration, 1974

aber auch das Aegidieneck – einen Ort, der im Roman nicht sonderlich präsent ist, der aber historisch für die Familie Mann von Bedeutung ist, da in dieser Straße das Geschäftshaus der Firma Mann seinen Sitz hatte, bevor sie in die Mengstraße umzog.

Beide Illustratoren zeigen keine Darstellungen des Wohnhauses der Familie Buddenbrook in der Mengstraße 4 und der repräsentativen Räume der Belétage! Einzig einen Ausschnitt aus dem Portal mit dem Spruch »Dominus Providebit« bildet Sørensen ab – wobei es sich hier um ein rein fiktives Portal handelt.

Den Zeichnern ist gemein, dass sie sich gern abseits vom großen Geschehen den Nebenschauplätzen und Besonderheiten widmen. Sie setzen die Worte Thomas Manns detailgetreu in Bilder um. Bei Sørensen dient als Beispiel die Illustration zur Taufe von Hanno: Nicht das Kind oder die Eltern werden gezeigt, sondern das, »was Madame Permaneder in Tagen der Hoffnung träumend vor Augen sah: Denn im Esszimmer am Tische [...] füllt das Folgmädchen Schlagsahne in viele Tassen mit kochend heißer Schokolade [...] während der Diener Anton einen ragenden Baumkuchen in Stücke schneidet und Mamsell Jungmann Konfekt und frische Blumen in silbernen Dessertschüsseln ordnet ...«

Paul Rosié folgt der Beschreibung Thomas Manns bei einigen Randfiguren

Vorbereitungen für die Taufe. S. O. Sørensen, Buchillustration, 1953

Sesemi spricht die Schlussworte.
S. O. Sørensen, Buchillustration, 1953

wie z. B. Makler Gosch: »Sein glattrasiertes Gesicht zeichnete sich aus durch eine gebogene Nase, ein spitz hervorspringendes Kinn, scharfe Züge und einen breiten, abwärts gezogenen Mund, dessen schmale Lippen er in verschlossener und bösartiger Weise zusammenpresste.«

Im Gegensatz zu Sørensen beleuchtet Paul Rosié das Schulkapitel genauer, die einzelnen Lehrer werden dargestellt. Hanno ist in seinen Zeichnungen nicht der verzärtelte, kränkliche Junge, er wirkt selbstbewusster als im Roman, teilweise fast trotzig. Aber auch Rosié spart den Tod des Jungen aus.

Bei beiden Illustratoren des Romans zeigt sich vor allem eins: Es lohnt sich, genauer hinzuschauen. Viele Szenen präsentieren sich bei tieferer Betrachtung in einem neuen Licht, bislang unauffällige Details treten zutage. Die Zeichner sind in erster Linie auch Leser des Romans, mit ihren Bildern offenbaren sie ihre Lesart, ihre Sicht auf den Verfall der Familie. Rosié spiegelt ihn an dem Geschwisterverhältnis von Thomas und Tony, denn beide versuchen, die Familientradition aufrechtzuerhalten, aber am Ende scheitern sie. Sørensen eröffnet seinen Bilderzyklus mit dem Glanz einer Einweihungsfeier, in deren Folge aber immer wieder Bilder von Abschied und Tod folgen. Am Ende steht die kleine bucklige Sesemi allein und zeigt damit das Ende der Familie Buddenbrook.

ES SOLLTE NUR EIN KURZER HÖFLICHKEITSBESUCH BEI MEINER LETZTEN LEBENDEN VERWANDTEN SEIN.
FRÄULEIN WEICHBROD ZU LÜBECK, AM MÜHLENBRINK SIEBEN. MAN HATTE MICH ALLERDINGS AUF DIE REDSELIGE ALTE DAME VORBEREITET...
UND IN DER TAT SOLLTE ICH VIELE STUNDEN BEI IHR VERBRINGEN, DENN SIE ERZÄHLTE MIR IHRE LIEBLINGSGESCHICHTE...
DEN NIEDERGANG EINER BEKANNTEN KAUFMANNSFAMILIE DIESER STADT...
ICH HABE ALL IHRE KINDER UNTERRICHTET, UND SOGAR DIE FRAU SENATOR WAR BEI MIR...
ACH...
Lieben Sie Thomas Mann? Oder graut Ihnen vor seinen Wälzern? Es gibt eine Alternative: Lesen Sie hier sein Familienepos auf sechs Seiten mit den besten Sprüchen und wichtigsten Szenen. Ein Comic für das ZEITmagazin von Isabel Kreitz
Buddenbrooks
... NUR NOCH DIE TONY IST DA...
KONSUL BUDDENBROOKS TOCHTER... UND DAS ALTE HAUS IN DER MENGSTRASSE...
SO?
DIE HAGENSTRÖMS HABEN ES GEKAUFT...
DIE EINEN GEHEN, DIE ANDEREN KOMMEN! - DIE BUDDENBROOKS VERDANKTEN DAS HAUS DEN FINANZIELLEN NÖTEN DER FAMILIE RATENKAMP...
TJA, TRAURIG, WENN MAN BEDENKT, WELCHER WAHNSINN DEN RUIN DER FIRMA RATENKAMP HERBEIFÜHRTE...
NUN, ICH MEINE... ER WAR WIE GELÄHMT! - ERSTARRT! WEIL ER FÜHLTE, DASS ES UNAUFHALTSAM ZU ENDE GING! DIESE FIRMA HATTE ABGEWIRTSCHAFTET, DIE ALTE FAMILIE WAR PASSÉ...
SIE HABEN KEINE VORSTELLUNG! DIETRICH RATENKAMP KÜMMERTE SICH UM NICHTS!
ASSEZ, JEAN, DAS IST WIEDER SO EINE VON DEINEN IDÉES...
ES GAB VIELE PRÄCHTIGE FAMILIENFESTE UND DINERS IN DER MENGSTRASSE... KONSUL BUDDENBROOK GAB SEINE TOCHTER TONY ZU MIR IN PENSION...
SIE WAR EIN KECKES DING! - ES GAB VIEL GEREDE...
...AUCH UM TONYS JÜNGEREN BRUDER CHRISTIAN. MIT VIERZEHN JAHREN TRIEB ER SICH IM THEATER HERUM - DIE NEIGUNG ZEIGTE SICH! ER BESUCHTE DIESE "PERSON"!
NUN SEH MAL EINER DIESEN KRISCHAN BUDDENBROOK...
SIE HABEN SO SCHÖN GESPIELT, FRÄULEIN!
22 ZEITmagazin

**Buddenbrooks für Überflieger – der Comic** Der Schritt von Buchillustrationen zu einem Comic über die Buddenbrooks ist nicht weit. Einen Ausschnitt des Romans, eingebettet in eine Rahmengeschichte, präsentiert die Comic-Zeichnerin Isabel Kreitz 1997 im ZEIT-Magazin. Kreitz erzählt hier die Geschichte der Familie Buddenbrook aus der Sicht von Sesemi Weichbrodt. Auf sechs Seiten und in 35 Bildern in Schwarz-Weiß-Graphik wird in kürzester Form der Abstieg der Kaufmannsfamilie aus Lübeck dargestellt: Die Sprechblasen zeigen Originalzitate aus dem Roman, parallel dazu kommentiert Sesemi das Geschehen. Eingeführt wird der Comic mit den Worten: »Lieben Sie Thomas Mann? Oder graut Ihnen vor seinen Wälzern? Es gibt eine Alternative: Lesen Sie hier sein Familienepos auf sechs Seiten mit den besten Sprüchen und wichtigsten Szenen.«

Wie der Roman so beginnt auch der Comic die Geschichte der Buddenbrooks mit dem Einweihungsessen. Die ganze Familie wird bei ihrem hochherrschaftlichen Mahl gezeigt, das Thema »gesellschaftlicher Abstieg« deutet sich aber in den Gesprächen schon an. Im Folgenden beschränkt Kreitz sich auf die Lebensgeschichte der Geschwister Tony, Christian und Thomas. Die Charaktere von Tony und Christian werden gleich zu Beginn festgelegt: Tonys Naivität dominiert ihren Gesichtsausdruck, und Christian zeigt mit seinem ersten Auftritt, dass er seiner Familie keine Ehre und sich selbst permanent lächerlich macht. Schicksalsschläge wie das Scheitern von Tonys erster Ehe und dramatische Szenen wie der Tod des Konsuls leiten über zur Vorstellung von Thomas Buddenbrook, dem neuen Familienoberhaupt. Konflikte mit dem Bruder Christian trüben den Aufstieg von Thomas, aber neue Eheschließungen in der Familie treten in den Vordergrund. Tonys weiterer unglücklicher Lebensverlauf und Christians Verfall in Krankheit werden dem Aufstieg von Thomas gegenübergestellt. Aber als er auf dem Höhepunkt seines Erfolges ist, dargestellt durch das prachtvolle neue Haus, beginnt schon sein Niedergang. Kaufmännische Verluste führen zu Selbstzweifel, ausgedrückt durch Selbstgespräche. Christian in der Zwangsjacke verdeutlicht die lebensunfähigen Familienmitglieder, Tonys Reduzierung auf ihre drei Ehen zeigt die Unfähigkeit dieser Familie zu glücklichen Beziehungen.

Die Geschichte wird auf je sechs Bildern pro Seite erzählt, Höhepunkte der Erzählung werden in großformatigeren Zeichnungen eingefangen, z. B. das Einweihungsessen, das neue Haus von Thomas, der Tod von Thomas. Erfolg und Misserfolg sind auch hier die Hauptthemen, die enge Verkettung des Familienschicksals mit dem der Firma wird aber nicht deutlich. Die Erzählperspektive von Sesemi Weichbrodt bietet nur die übliche Familiengeschichte, die von Ereignissen wie Hochzeit, Scheidung und Tod getragen werden. Diese Sicht von außen erlaubt keinen Blick in das Innere der Familie und vor allem nicht in die Entwicklung der Charaktere. So ähnelt der Comic dem Blättern in einem Fotoalbum, wo man durch eine Aneinanderreihung von Bildern mit kurzen Beschriftungen eine Familiengeschichte erfassen kann, aber nicht weiß, was die einzelnen Menschen eigentlich ausmachte.

Dass es noch kürzer geht, hat die Zeichnerin mit einem weiteren Comic bewiesen, der die Geschichte der vier Generationen Buddenbrooks in nur acht Bildern und ohne Sprechblasen darstellt. Die Handlung ist eingeengt auf die Männer der Familie und die Firma. Die Generationen sind jeweils an ihrer Kleidung zu erkennen, die Firma wird durch eine große Tafel mit einer Gewinnkurve in Form eines Liniendiagramms symbolisiert. Mit jedem Tod eines Familienober-

*Buddenbrooks* auf einer Seite. Isabel Kreitz, Comic, 2001

haupts nimmt der Erfolg der Firma, aber auch die positive Lebenseinstellung ab. Den sinkenden Bilanzen sind die Sterbepositionen gegenübergestellt: die Skala des alten Johann weist nach oben, und so wird er im Tode hochgebettet. Mit Jean erreicht die Firma nur mittelmäßige Erfolge, der Tod ereilt ihn in sitzender (= halbhoher) Position. Und als Thomas der Tod niederstreckt, sind auch die Zahlen der Firma am Boden. Das erste und das letzte Bild gleichen sich fast, nur der Name ist ausgewechselt: statt Buddenbrooks ziehen nun Hagenströms ins repräsentative Haus.

Der Comic aus dem ZEIT-Magazin ist in der Dauerausstellung des Buddenbrookhauses zu sehen. Häufige Nachfragen von Lehrern führten dazu, dass der Comic mittlerweile seinen Weg sogar in Schulmaterialien zu Thomas Mann gefunden hat. Ob die Transformation des Romans in die Sprache der Comics die Lösung für eilige und vor allem für junge Leserinnen und Leser ist, bleibe dahingestellt, denn was Thomas Manns Romane immer noch auszeichnet, ist ihre sprachliche Ausdruckskraft. Eine amüsante Lesart ist es allemal, und »warum soll der Comic nicht dürfen, was im Kino gang und gäbe ist?«, fragt zu Recht die Comic-Autorin.

## Die Verfilmungen

Das eher handlungsarme, dafür sprachgewaltige Werk Thomas Manns hat immer wieder Filmemacher gereizt: so gibt es 23 Verfilmungen, die in der Zeit zwischen 1923 und 1993 entstanden sind. Thomas Manns Debütroman *Buddenbrooks* ist bislang dreimal in Deutschland verfilmt worden, so häufig wie kein anderes Werk von Thomas Mann: 1923 als Stummfilm, 1959 als Kinofilm und 1979 als elfteilige Fernsehserie. Ende des Jahres 2008 kommt die vierte Verfilmung von Heinrich Breloer in die Kinos. Obwohl Literaturverfilmungen so alt sind wie der Film bzw. das Kino selbst, führt jede filmische Adaption eines Klassikers der Weltliteratur zu einer lebhaften Diskussion über Werktreue. Eine Literaturverfilmung erhebt den Anspruch, die Intention, Anlage und Aussage eines literarischen Werkes zu erfassen und im Film wiederzugeben. Dabei kann sie das Wort umzusetzen versuchen, also Handlungsfolge, Personal und Bildwelt direkt aus dem Text übernehmen. Oder sie versucht mit eigenen, radikaleren Mitteln der inhaltlichen Aussage eines Textes gerecht zu werden. Da ein ›worttreuer‹ Anspruch bei Werken von epischer Breite häufig nicht realisierbar ist, setzen die Filmemacher in den Vorspann gern Hinweise wie »nach Motiven aus« oder

Plakat zur *Buddenbrooks*-Verfilmung von 1923

Das Filmteam von 1923 vor dem Rathaus in Lübeck. In der Mitte (mit Brille) der Regisseur Gerhard Lamprecht

»frei nach«. Im Kontrast zur ›worttreuen‹ Adaption steht der eigenständige Umgang mit der literarischen Vorlage, der nicht Abbild sein, sondern den ›Sinn‹ des Werkes mit filmischen Mitteln und Möglichkeiten herausarbeiten will. So steht jede Verfilmung für eine bestimmte Generation von Filmproduzenten, die nicht nur ein Gesellschaftsbild der eigenen Zeit in ihrem Film widerspiegeln, sondern auch ihre eigene Lesart des Romans präsentieren.

Der erste *Buddenbrooks*-Film entstand 1923, also noch zu Lebzeiten Thomas Manns. Produzent war Albert Pommer von der Berliner Dea Film GmbH, die Regie für die erste Adaption eines Buches von Thomas Mann übernahm Gerhard Lamprecht. Die Hauptrollen erhielten die bekannten Stummfilmstars Peter Esser (Thomas), Mady Christians (Gerda) und Alfred Abel (Christian). Entstanden ist ein Film nach »Motiven aus Buddenbrooks«. Die Filmemacher haben die Romanfiguren auf die Generation der Geschwister Thomas, Tony und Christian und die Handlung auf eine Episode um das Jahr 1880 beschränkt: Ausgewählte Handlungsstränge wie Hochzeiten und Getreidegeschäfte werden gegenübergestellt und zeigen, wie eng die private mit der wirtschaftlichen Ebene verbunden ist. Im Ergebnis ist der Film ein neues, in sich aber schlüssiges Werk. Die *Buddenbrooks*-Verfilmung von 1923 ist keine ›wörtliche‹ Literaturverfilmung, sondern eine Neuinterpretation der Vorlage, eine »Bearbeitung ins Moderne«,

Familienrat. Von links nach rechts: Madame Kröger (Auguste Prach-Grevenberg), Reeder Arnoldsen (Franz Egenieff), Leberecht Kröger (Rudolf del Zopp), Thomas Buddenbrook (Peter Esser), Gerda (Mady Christians), Elisabeth Buddenbrook (Mathilde Sussin), Tony (Hildegard Imhof). Szenenfoto, 1923

Christian (links, Alfred Abel), Aline Puvogel (Charlotte Böcklin) und Thomas Buddenbrook (Peter Esser). Szenenfoto, 1923

wie es ein Filmrezensent ausdrückte. Lamprechts überwiegend im Ambiente der 20er Jahre gedrehtes »Kaufmannsdrama« bietet ein Zeitbild der 20er Jahre. Auf das Historische in Handlung und Ausstattung ist bewusst verzichtet worden. Charaktere wie Thomas und vor allem Gerda legen ein modernes Rollenverhalten an den Tag, welches den Film im Gegensatz zum Roman zu einem Happy End führt.

Die Uraufführung des Films fand am 31. August 1923 im Berliner Tauentzienpalast statt. Bei der Premiere wurde ein Dokumentarfilm über Lübeck mit kommentierten Stadtansichten im Vorprogramm gezeigt. Die Kritiker lobten die Komprimierung der komplexen Geschichte auf eine konzentriert dargestellte Episode und die Qualität der künstlerisch-technischen Arbeit. Lamprecht versuchte filmästhetisch neue Wege zu gehen, besonders die Bildsprache bezüglich der Darstellung von Gefühlen beeindruckte die Rezensenten. Bei den Schauspielern sticht vor allem Alfred Abel in der Rolle des Christian Buddenbrook hervor. Er spielt das Enfant terrible mit tänzerischer Grazie, verliert bei den Kapriolen nie seine Würde und hält traumhaft sicher die Balance zwischen leichtlebiger Unbekümmertheit und der Scham über die Sorgen, die er seiner Familie bereitet.

Lamprechts Melodram offenbart einen Einblick in frühe deutsche Filmkunst.

Zusammenstellung von Szenenfotos aus der *Buddenbrooks*-Verfilmung von 1923

Die Feuilletonisten traten dafür ein, den Film unabhängig von seiner Vorlage zu beurteilen: »Dem Buch, was des Buches ist, und dem Film, was des Filmes ist.« An der Reduzierung und Modernisierung störte sich keiner, im Gegenteil – für das junge Medium Film wurde ein eigenständiger Ansatz als notwendig erachtet: kein verklärender Blick auf die »gute alte Zeit«, sondern ein Blick in das Hier und Jetzt der Zwanzigerjahre, in denen die »Neue Sachlichkeit« propagiert wird und die Frauen ein zunehmendes Selbstbewusstsein an den Tag legen.

Thomas Mann hatte dieser freien Adaption zugestimmt, äußerte sich privat aber sehr kritisch. In einem Brief vom Februar 1923 an Ernst Bertram schrieb er: »[E]ine Berliner Exportfirma managet ›Buddenbrooks‹, läßt ›nach Motiven daraus‹ ein strohdummes und sentimentales Kino-Drama zimmern, von dem meine Seele nichts weiß, für die sich aber in Skandinavien, Holland, Amerika viel Interesse kundgiebt [!], und das mir viel Geld eingetragen hat und eintragen wird.« Öffentlich konnte er sich nicht äußern, denn das hätte den finanziellen Erfolg, an dem auch Thomas Mann prozentual beteiligt war, gefährdet.

Filmplakate zum 1. und 2. Teil der *Buddenbrooks*-Verfilmung von 1959

Die Idee, *Buddenbrooks* ein zweites Mal zu verfilmen, hatte es seit 1954 gegeben. Thomas Mann wünschte sich eine gesamtdeutsche Produktion, was zur Prämisse bei der Vergabe der Rechte von *Buddenbrooks* wurde. Darin bestand jedoch auch das Hauptproblem. In einer Zeit des Kalten Krieges gelang es der DEFA zwar, einen westdeutschen Filmverleih zu finden. Dieser hielt es jedoch für ratsam, dieses deutsch-deutsche Projekt von der Regierung in Bonn absegnen zu lassen. Die Regierung Adenauer verweigerte jegliche Zustimmung mit dem Hinweis, durch die Koproduktion würde »ein neuer Weg der kommunistischen Infiltration eröffnet werden«. Die Bedenken der Politiker genügten dem westdeutschen Filmverleih, um sich aus dem Projekt zurückzuziehen. Das Projekt war gescheitert und Thomas Mann sehr enttäuscht. Den zweiten Anlauf erlebte er nicht mehr.

Diesen versuchte Anfang 1956 der Produzent Hans Abich, der in Zusammenarbeit mit der DEFA die Filmrechte von der Erbengemeinschaft Thomas Manns erwarb. Abich wollte die Meinung aus Bonn ignorieren, musste aber feststellen,

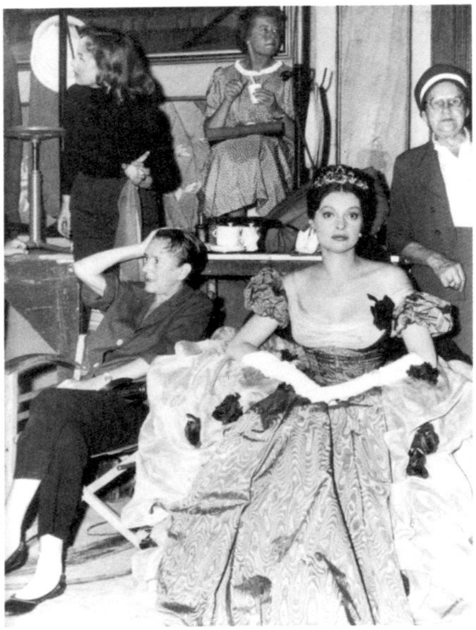

Erika Mann und Nadja Tiller während der Dreharbeiten 1959

Lilo Pulver und Walter Sedlmayer als Tony und Permaneder. Szenenfoto, 1959

dass der politische Widerstand eine Finanzierung der Pläne unmöglich machte. So scheiterte auch dieses ambitionierte Projekt. Der Koproduktionsvertrag wurde dahingehend aufgelöst, dass die Rechte von der Erbengemeinschaft für Ost und West getrennt vergeben wurden. Der 1959 entstandene *Buddenbrooks*-Film ist eine westdeutsche Produktion, von ostdeutscher Seite wurde von den Verfilmungsrechten kein Gebrauch gemacht.

An dieser neuen Verfilmung wirkte Erika Mann neben Harald Braun und Jakob Geis als Koautorin mit. Sie hatte die letztgültige Fassung des Drehbuchs abzunehmen und lieh dem Papageien Josephus des Zahnarztes Dr. Brecht ihre Stimme. Die Regie übernahm Alfred Weidenmann. Drehbeginn war im Juni 1959, Drehschluss am 10. September. Der erste Teil der Verfilmung wurde in Anwesenheit einiger der Filmstars am 11. November in der Lübecker Stadthalle vor 1200 Besuchern uraufgeführt. Die Urfassung ist ein zweiteiliger Kinofilm »frei nach dem Roman von Thomas Mann«. Der erste Teil hatte 99 Minuten, der zweite, der neun Tage später in die Kinos kam, dauerte 107 Minuten. Diese Teile wurden später in eine 145-minütige Fassung zusammengeschnitten.

Inhaltlich beschränkte man sich im ersten Teil auf eine Aneinanderreihung

Filmplakat für die gekürzte Neufassung des *Buddenbrooks*-Films von 1959

von Handlungshöhepunkten vornehmlich aus dem Leben von Tony und Christian Buddenbrook, während der Aufstieg und Fall von Thomas Buddenbrook den zweiten Teil bestreitet. Im Gegensatz zum Stummfilm wurde hier der Schwerpunkt auf Äußerlichkeiten wie Kulisse und Kostüm, anstatt auf innere Entwicklungen der Personen gelegt. Der Film ist ein Spiegelbild seiner Zeit –

Der Lübecker Schauspieler Günter Lüders als Corle Smolt. Szenenfoto, 1959

den Wirtschaftswunder-Jahren: Lieber inszeniert man große, prachtvolle Bälle als den wirtschaftlichen Niedergang einer Firma.

Die Kritik reagierte verhalten. Zwar hielt sich diese Adaption genauer an die Vorlage, übernahm inhaltlich mehr Details aus dem Roman als diejenige von 1923, und die großartigen schauspielerischen Leistungen einzelner Darsteller wurden wohlwollend anerkannt, aber der Versuch, wesentliche Aussagen und Motive des Romans zu übernehmen, wurde nur als bedingt gelungen betrachtet. Alle waren sich darin einig, dass der Roman inhaltlich gekürzt werden musste, aber mit dem »Wie« war man keineswegs einverstanden. Die Reduzierung der anspruchsvollen literarischen Vorlage auf ihre trivialen Elemente, d. h. die Verengung der Handlung auf die »Behaglichkeit einer anrührenden Familiengeschichte«, fand keine Zustimmung. Da bekannte Schlüsselszenen fokussiert, innere Entwicklungen der Charaktere jedoch weitgehend ausgeblendet waren, äußerten die Kritiker den Eindruck, der Film sei »gar nicht ernst gemeint«. Sogar von einer Verfälschung war die Rede, wahrscheinlich waren die Kritiker mit den Veränderungen in der Chronologie des Romans unzufrieden. Wer das Buch nicht kennt, bemerkt diese Änderungen allerdings nicht, denn die Filmhand-

Christian (Hanns Lothar) kehrt zurück aus Südamerika, links Thomas (Hansjörg Felmy). Szenenfoto, 1959

Tony Buddenbrook (Lilo Pulver). Szenenfoto, 1959

lung ist in sich stringent, und die Grundzüge der Verfallsgeschichte bleiben gewahrt.

Der Film litt vor allem durch den strengen Vergleich mit der Romanvorlage, getreu dem Motto: »Wenn es den Dichter Thomas Mann und seinen Roman nicht gäbe, ließe sich der Film leichter würdigen.« Beim Publikum erfreut er sich jedoch bis heute großer Beliebtheit, was nicht zuletzt an der Besetzung liegt, deren Aufzählung sich wie ein ›Who is Who‹ des deutschen Films der damaligen Zeit liest: Mit Hansjörg Felmy, Liselotte Pulver, Nadja Tiller, Hanns Lothar, Lil Dagover und Werner Hinz waren populäre Schauspieler der 50er Jahre gewählt worden. Aber auch die damalige Presse war sich einig, dass einzelne Schauspieler in ihrem Spiel überzeugten. Die größte Übereinstimmung gab es über Hanns Lothar, den Darsteller Christian Buddenbrooks. Er war »das schauspielerische Ereignis des Films«, und man empfand ihn als jemanden, der die Figur nicht nur darstelle, sondern lebe. Hansjörg Felmy, den Darsteller Thomas Buddenbrooks, verurteilte man als Fehlbesetzung, weil er zu brav wirkte, zu normal, um die Abgründigkeit hinter der Fassade der Figur darstellen zu können. An der Darstellerin der Tony, Liselotte Pulver, schieden sich die Kritikergeister. In Anspielung auf einen anderen bekannten Film der Schauspielerin meinte ein Kritiker ironisch, ihr habe »niemand gesagt, dass sie eine Lübecker Patriziertochter zu

Dreharbeiten zum *Buddenbrooks*-Film 1978 in Danzig. In der Mitte Gerd Böckmann als Christian Buddenbrook

spielen habe und nicht eine Art nordeuropäischer Piroschka«. Für etliche Andere erschien sie jedoch als die ideale Verkörperung der naiven Kaufmannstochter mit ihrer unverwüstlichen Robustheit und Ahnungslosigkeit. Der Gegenpart von Liselotte Pulver, Nadja Tiller als Gerda Buddenbrook, war in den Augen der Rezensenten zwar mondän und verführerisch, ließe aber das Faszinierende vermissen.

Einen wahren Mann-Boom löste die dritte Verfilmung von *Buddenbrooks* unter der Regie von Franz Peter Wirth aus. Nach einer mehrjährigen Vorbereitungszeit begannen im Frühjahr 1978 die Dreharbeiten für die bis dato aufwändigste Produktion des Hessischen Rundfunks (Kostenaufwand: 12,5 Mio. DM). Als elfteilige Fernsehserie lockte sie im Herbst 1979 wöchentlich 14 Millionen Deutsche vor den Bildschirm und führte zu einem neuen Interesse an Thomas Mann, denn anscheinend kam diese Adaption, wie die Presse schrieb, »dem Geist des Buches und der Eigenart der Situation und Personen nahe«. Die Romanfiguren waren mit Schauspielern wie Martin Benrath, Ruth Leuwerik,

Christian (Gerd Böckmann), Tony (Reinhild Solf) und Thomas (Volker Kraeft). Szenenfoto, 1979

Elisabeth (Ruth Leuwerik) und Jean Buddenbrook (Martin Benrath). Szenenfoto, 1979

Bankier Kesselmeyer (Klaus Schwarzkopf), Konsul Buddenbrook (Martin Benrath) und Grünlich (Michael Degen). Szenenfoto, 1979

Carl Raddatz, Volker Kraeft und Michael Degen sorgfältig besetzt. Das Drehbuch schrieben Bernt Rhotert und Hans Joachim Lange. Die Chronologie des Romans war weitestgehend eingehalten worden, die Filmhandlung beginnt mit der ersten und endet mit der letzten Seite des Buches. Trotz der zur Verfügung stehenden Zeitmenge von 11 Stunden musste aber auch diese Adaption kürzen, so fehlt z. B. die Schilderung von Hannos Schulalltag.

Schon Monate vor der Ausstrahlung der Serie beschäftigten sich Zeitungen und Zeitschriften mit der Verfilmung, es wurde über die Stars und vor allem die kostspieligen Dreharbeiten berichtet. Das *Hamburger Abendblatt* brachte parallel zur Ausstrahlung über mehrere Wochen eine Serie »Die Welt der Budden-

Gerda (Noëlle Châtelet) geigt mit Pfühl (Sigfrit Steiner). Szenenfoto, 1979

Jean Buddenbrook (Martin Benrath) spricht mit dem Volk. Szenenfoto, 1979

brooks«, welche die zeitgeschichtlichen Hintergründe der Filmhandlung thematisierte. Dem Fernsehzuschauer wurden in Zeitschriften Romanzusammenfassungen und Ahnentafeln an die Hand gegeben. Fast dreißig Jahre später bereitet das Buch *Die Welt der Buddenbrooks* den Zuschauer mit den gleichen Themen auf die nächste *Buddenbrooks*-Verfilmung vor.

Die Kritik betrachtete die Serie als Kostümstück. Das Bemühen um eine detailgetreue Ausstattung wurde zwar gelobt, insgesamt sei es aber nur »prächtig fotografierte Langeweile«. Wie auch in der vorhergehenden Adaption lege man viel Wert auf Optik und Akustik, jedoch ginge dieser große Fernsehfilm manchmal nicht über schöne Bilder hinaus. Bei den Schauspielern spalteten sich die Kritiken: Die einen verurteilten die Steifheit der Schauspieler, während die anderen deren Spiel lobten. Vor allem Martin Benrath als Jean Buddenbrook und Michael Degen als Grünlich erhielten viel Lob. Ruth Leuwerik, die nach 15 Jahren Filmabstinenz erstmals wieder eine Rolle angenommen hatte, verkörpere »die ganze Welt der Konventionen, die an Weltsicht und gesellschaftliches Gebaren dieser Familie geknüpft waren«. Insgesamt gelinge es den Schauspielern selten, die Originaldialoge des Romans mit Leben zu erfüllen. Kreativität zeigte

Tony (Reinhild Solf) und Bendix Grünlich (Michael Degen). Szenenfoto, 1979

Thomas Buddenbrook (Volker Kraeft) am Strand. Szenenfoto, 1979

der Film, wenn er filmische Mittel wie die Bildsymbolik nutzte, um längere Reflexionspassagen oder eine Verinnerlichung der Handlung darzustellen. Gegner dieser ihrer Ansicht nach ›wortgetreuen‹ Romanverfilmung meinten, »Drehbücher werden nicht filmischer dadurch, dass sie die Bücher nachplappern«. Befürworter dieser Adaption dagegen bewunderten, dass man »einen Roman so filmisch nachzeichnen kann, dass sowohl Kenner des Romans nicht enttäuscht sind« als auch der Nichtkenner »mitkommt und den Roman nachvollziehen kann«. Damit schien Franz Peter Wirth sein Ziel erreicht zu haben, denn sein Credo lautete: »Wir wollen beide Kreise erreichen – die Eingeweihten und die ›Unbefangenen‹.« Diese Worte erinnern an Thomas Manns Absicht, die ›Wenigen und die Vielen‹ zu erreichen: »bald in Hinsicht auf die gröbsten Bedürfnisse, bald in Hinsicht auf die raffiniertesten«.

Trotz aller Kritik ist die Serie eine international erfolgreiche deutsche TV-Produktion: Sie wurde in zwölf europäische Länder verkauft. 1984 wurde sie vom Sender PBS in den USA in der Serie »Great Performances« ausgestrahlt, die herausragenden Fernsehproduktionen vorbehalten ist. Das Beispiel dieser *Buddenbrooks*-Fassung offenbart, dass die zeitlichen (und finanziellen) Möglich-

Morten (Horst Janson) und Tony (Lilo Pulver) während der Dreharbeiten 1959 in Travemünde, in der Mitte der Regisseur Alfred Weidenmann

Tony (Reinhild Solf) und Morten (Rainer Goernemann). Szenenfoto, 1979

keiten einer Serienproduktion dem Regisseur mehr Gelegenheit zur wortgetreuen Schilderung bieten als sie den beiden Spielfilmen von 1959 und 1923 möglich war, da mehr Zeit auf die Entwicklung von Handlung und Charakteren verwendet werden kann. Das Publikum bestätigte diese Form der Werktreue durch hohe Einschaltquoten. Und die Werknähe führte sie zu Thomas Manns Roman zurück, mehr als alle bisherigen Produktionen, denn der Buchhandel erlebte einen *Buddenbrooks*-Boom: innerhalb von 6 Wochen wurden 250 000 Exemplare des Romans verkauft. So wurde der Wunsch von Franz Peter Wirth, Zuschauer zu animieren, das Buch zu lesen, erfüllt, und Thomas Mann hatte recht, wenn er meint: »Das Buch bleibt ja. Es wird wegen des Films nicht weniger gelesen werden, wahrscheinlich sogar mehr.«

Noch vor dem deutschen *Buddenbrooks*-Mehrteiler produziert 1965 die BBC eine Fernsehserie in sieben Teilen mit einer Gesamtlänge von 315 Minuten, wel-

Tony (Jessica Schwarz), Christian (August Diehl), Jean (Armin Mueller-Stahl), Thomas (Mark Waschke) und Elisabeth Buddenbrook (Iris Berben). Szenenfoto, 2008

che ab 30. Oktober 1965 wöchentlich ausgestrahlt worden ist. Diese Verfilmung liegt leider nicht mehr vor, sie gilt bei der BBC als verschollen. Einige wenige Informationen dieser Studioproduktion sind aus Zeitungsartikeln bekannt. Regie führte Michael Imison, das Drehbuch wurde von Jack Pulman verfasst. Diese einzige britische Thomas-Mann-Adaption erhielt gute (britische) Kritiken, in denen die respektvolle Bearbeitung der Vorlage gelobt wurde.

Die aktuellste Adaption von Thomas Manns Roman kommt im Dezember 2008 in die Kinos, bei der Heinrich Breloer Regie führte. Das Drehbuch hat – wie schon bei der Produktion *Die Manns* – Horst Königstein verfasst. Im Sommer 2007 fanden in Lübeck und in den Kölner Studios, wo das Buddenbrookhaus nachgebaut wurde, Dreharbeiten statt. Die Familie Buddenbrook wird von so namhaften Schauspielern wie Armin Mueller-Stahl, Iris Berben, Jessica Schwarz, August Diehl und Mark Waschke dargestellt.

Der Tod des kleinen Hanno. Von links: Gerda (Léa Bosco), Dr. Grabow (Michael Abendroth), Kai (Jan-Hendrik Kiefer), Ida (Teresa Harder), Hanno (Raban Bieling) und Tony (Jessica Schwarz). Szenenfoto, 2008

Im Vergleich zeigt sich bei den drei Verfilmungen ein zunehmender Anspruch auf Werknähe. Die Loslösung von zeitlichen und auch inhaltlichen Strukturen prägte die älteste Adaption, im Gegensatz zum Roman endete dieser Film sogar mit einer optimistischen Grundaussage. Der Film von 1959 zeigte sich gegenüber dem innovativen Stil der Zwanzigerjahre rückwärtsgewandt. In der Zeit des Wirtschaftswunders entstand ein kommerzieller Spielfilm, der auf Humor, Sentimentalität, schöne Kostüme und vor allem große Namen setzte. »Fernsehen zum Mitlesen« könnte man die Fernseh-Fassung von 1979 nennen: größtmögliche Nähe zum Roman, penible Historizität und filmische Mittel wie Bildersprache entführten den Zuschauer in die »gute alte Zeit« der Buddenbrooks. Letztendlich zeigt sich, dass eine Verfilmung immer nur eine mögliche Lesart der Vorlage darstellt, denn Bilder transportieren viel eindeutiger als Worte ein bestimmtes Verständnis – anders das Theater, wo das Wort dominiert.

Die Darsteller der *Visionen im Buddenbrookhause*

## Auf der Bühne

Hartnäckig hält sich das Vorurteil, die Lübecker hätten Thomas Mann eine Verunglimpfung ihrer Stadt und ihrer selbst durch *Buddenbrooks* lange übel genommen. Tatsächlich lässt sich dieses leicht entkräften: Eine der ersten positiven Rezensionen des Romans kam aus Lübeck, und Thomas Mann reiste zwischen 1921 und 1928 fast jedes Jahr zu Lesungen in seine Heimatstadt – Beweise dafür, dass die Lübecker ein wohlwollendes Interesse an dem Schriftsteller und seinem Roman hatten. Der erste Versuch, Thomas Manns Debütroman auf die Bühne zu bringen, wurde in Lübeck unternommen. Dieser Teil der Lübecker Rezeptionsgeschichte von *Buddenbrooks* ist in mancher Hinsicht einzigartig: Die Lübeckerin Magdalena Müller, geb. Brehmer, einst befreundet mit den Schwestern Thomas Manns, entwickelte aus dem Roman ein Skript für eine Aufführung. Das Stück *Visionen im Buddenbrookhause* wurde mit Bürgern aus der Lübecker Oberschicht 1928 im Foyer des Buddenbrookhauses aufgeführt. Von dieser Liebhaber-Vorführung sind neben Reaktionen der Lokalpresse einige

Flötenkonzert am Einweihungstag. Standfoto, Lübeck, 1928

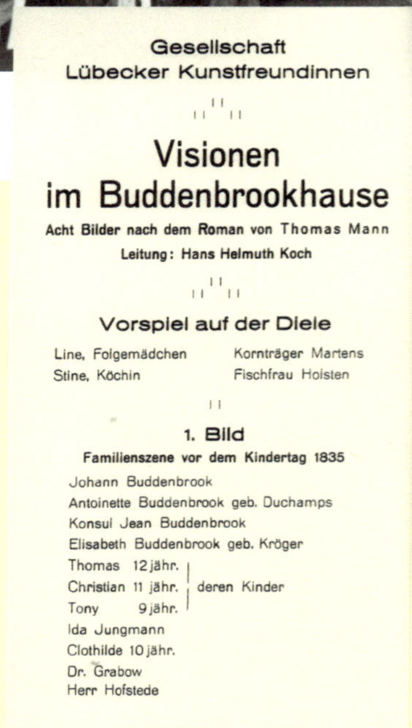

Gesellschaft
Lübecker Kunstfreundinnen

Visionen
im Buddenbrookhause

Acht Bilder nach dem Roman von Thomas Mann
Leitung: Hans Helmuth Koch

Vorspiel auf der Diele

Line, Folgemädchen — Kornträger Martens
Stine, Köchin — Fischfrau Holsten

1. Bild
Familienszene vor dem Kindertag 1835

Johann Buddenbrook
Antoinette Buddenbrook geb. Duchamps
Konsul Jean Buddenbrook
Elisabeth Buddenbrook geb. Kröger
Thomas 12 jähr. | deren Kinder
Christian 11 jähr. |
Tony 9 jähr. |
Ida Jungmann
Clothilde 10 jähr.
Dr. Grabow
Herr Hofstede

Theaterzettel zur Aufführung 1928

Szenenfotos und ein Manuskript überliefert. Initiator dieser Veranstaltung war die ›Gesellschaft Lübecker Kunstfreundinnen‹, die sich seit vielen Jahren der Pflege heimatlicher Kunst und Kultur widmete. Als junges Mädchen oft Gast im Hause Mann, hatte Magdalena Müller eine besondere Beziehung zu Thomas Mann. Sie hatte an den Tanzstunden, die im Hause Mann veranstaltet wurden, teilgenommen und sich dabei mit dem jungen Thomas Mann über Gedichte unterhalten. Sie ist als Vorbild für die Figur der Magdalena Vermehren in *Tonio Kröger* in die Literatur eingegangen, sei allerdings laut ihrer Aussage anders als die Magdalena in der Novelle, nie hingefallen. Thomas Mann bestätigte in einem Brief, ihre Person sei beim Schreiben der Novelle wohl in seinem Hinterkopf gewesen, weil sie ihn nach seinen Gedichten gefragt habe. Vielleicht war dieser Eingang in die Literatur für Magdalena Müller der Antrieb, Thomas Mann 1925 einen Brief zu

*Oben:* Grünlich bei Schwarzkopfs. Standfoto, Lübeck, 1928
*Links:* Herr Permaneder aus München bei den Buddenbrooks. Standfoto, Lübeck, 1928

schreiben, um ihn zu fragen, ob er mit der Nutzung der Vorlage einverstanden sei. »Es kann reizend werden, und ich wüsste nicht, was ich dagegen einzuwenden haben sollte«, antwortete der Schriftsteller. Magdalena Müller verfasste daraufhin ein Manuskript, andere Mitglieder der ›Kunstfreundinnen‹ organisierten Kostüme und warben Darsteller an. Es gelang ihnen nicht nur, renommierte Lübecker Bürger, sondern auch Verwandte Thomas Manns als Schauspieler zu gewinnen. So wurde Thomas Buddenbrook von Georg Wilhelm Marty verkörpert. Sein Großvater, Heinrich Marty, war der Bruder von Thomas Manns Großmutter und auch der Taufpate des Schriftstellers. Der Vater von Georg Wilhelm, Wilhelm Marty, lieferte Thomas Mann während seiner Arbeit an *Buddenbrooks* Informationen über Lübecks Politik und Wirtschaft. Der junge Marty war somit der Darsteller einer Figur, für dessen Konzeption sein Vater die Grundlagen geliefert hatte. Konsul Jean Buddenbrook wurde von Johann Siegmund Mann IV. gespielt. Dieser stammte aus dem Verwandtschaftszweig von Thomas Manns Großvater. Sein Vater war ein Cousin von Thomas Mann, sein Groß-

Wahl zum Senator. Standfoto, Lübeck, 1928

vater Johann Siegmund Mann III. der Stiefbruder von Senator Heinrich Mann und ebenfalls Pate von Thomas Mann. Zu den weiteren Darstellern gehörten Mitglieder der Bürgerschaft und des städtischen Kulturlebens. Die Spielleitung wurde dem Schauspieler Hans Helmuth Koch übertragen.

Das Bühnenstück bestand aus einem Vorspiel und acht ›Bildern‹. Die Auswahl der Szenen war auf bestimmte Personen ausgerichtet und zeigte Stationen des Aufstiegs der Familie Buddenbrook, die Verfallsthematik wurde dagegen weitgehend ausgeblendet. Das Einweihungsessen, Tony und ihre Männer, der Bruderstreit zwischen Tom und Christian sowie Toms Wahl zum Senator waren die Themen der ›Bilder‹, bevor Hanno am Ende verkündete, dass die Buddenbrooks in der Erinnerung weiterleben werden. Formal handelt es sich bei den *Visionen im Buddenbrookhause* mehr um eine szenische Darstellung von Dialogen als um eine Dramatisierung. Es fehlt dem Stück eine dramatische Spannung, und zwischen den einzelnen Szenen gibt es wenige Bezüge, die eine fortlaufende Handlung erkennen lassen. Magdalena Müller setzte die Kenntnis der Romanhandlung voraus.

Am 11. und 12. März 1928 fanden die Aufführungen in der Diele des Hauses Mengstraße 4 statt, wo sich die ›Buddenbrook-Buchhandlung‹, die Thomas

Tony und der alte Buddenbrook. Standfoto, Lübeck, 1928

Mann 1922 eröffnet hatte, befand. Es kamen viele Besucher: Die Diele war »vollgepfropft mit der derzeitigen Hautevolee der Freien und Hansestadt«, bemerkte der *Lübecker Volksbote*. Thomas Mann selbst konnte der Vorstellung nicht beiwohnen. Die Resonanz in der Lokalpresse war positiv, obwohl bemängelt wurde, dass nur unterhaltsame Szenen des Romans zur Darstellung gebracht worden waren. Allein in der Schlussszene mit Hanno spüre man auch die dem Roman innewohnende Schwermut. Den Überschuss der Einnahmen spendeten die ›Kunstfreundinnen‹ dem Lübecker Museum für Kunst und Kulturgeschichte.

Lübecker Bürger spielen Szenen aus *Buddenbrooks* am Schauplatz der literarischen Handlung – ein Projekt, das einzigartig blieb, denn Versuche, das Stück 1965 und 1975 wieder aufzuführen, scheiterten.

Der erste professionelle Versuch, *Buddenbrooks* auf die Bühne zu bringen, fand nicht in Deutschland statt, sondern in der Schweiz: 1976 inszenierte Hans Hollmann Thomas Manns Erstlingswerk für das Theater Basel. Hollmann, der von 1975 bis 1978 auch Direktor dieses Theaters war, hatte zwei Jahre zuvor *Die letzten Tage der Menschheit* von Karl Kraus aufgeführt. Auf der Suche nach einem ähnlich epischen Stoff über die menschlichen Grundlagen der Gegenwart stieß Hollmann auf *Buddenbrooks*. Den Roman sah er als »gültige Zusammenfassung

Die Kulisse Lübecker Bürgerhäuser in der Theaterinszenierung 1976 in Basel

der Gegebenheiten des 19. Jahrhunderts«. Basel schien ihm als Aufführungsort geeignet, da Struktur und Tradition, vor allem aber die Abgeschlossenheit des Stadtkantons an die Hansestadt Lübeck erinnerte. Der eher unbekannte Autor Tadeus Pfeifer bekam den Auftrag von Hollmann, eine Bühnenfassung von *Buddenbrooks* zu schreiben. Sein Originalmanuskript umfasste zunächst ca. 200 Seiten, wurde aber von Hollmann in Zusammenarbeit mit dem Dramaturgen Klaus Völker auf 96 Seiten gekürzt. In seiner Inszenierung arbeitete der Regisseur heraus, wie gegenwärtig die Strukturen des 19. Jahrhunderts, also die gesellschaftlichen Mechanismen, die in *Buddenbrooks* aufgezeigt werden, sind. Gleichzeitig kritisierte er die Verselbständigung von Konventionen, Traditionen und gesellschaftlichen Normen, die eine zeitgemäße Entwicklung der Menschen behindere und zur Erstarrung führe.

Die Uraufführung des Theaterstücks fand am 10. Dezember 1976 statt. Die Vorstellung dauerte vier Stunden und dreißig Minuten und fand zum größten Teil im Foyer des Theaters statt. Die Geschehnisse wurden teilweise auf verschiedene Bühnen aufgeteilt; die Zuschauer saßen zunächst im Foyer auf Drehstühlen, um der Handlung auf allen Seiten zu folgen. Für die letzte Szene zog

Familie Buddenbrook am Tisch. Standfoto, Basel, 1976

Das Festmahl im großen Foyer. Standfoto, Basel, 1976

man ins Große Haus um. Einige Zuschauer waren sogar Teil des Chors der ›Lübecker Bürger‹. Die 69 Sprechrollen wurden von 24 Schauspielern ausgefüllt. Das Bühnenbild zeigte Collagen von Fassaden Lübecker Häuser, die Kostüme waren teils historisch, teils aber auch modern.

Wie schon bei der Aufführung 1928 in Lübeck war auch in Basel die Kenntnis des Romans Voraussetzung für das Verständnis des Theaterstücks. Die gesamte Entwicklung der Romanhandlung kam in den Blick, jedoch wählte der Autor wesentliche Sequenzen aus dem Roman aus und kreierte so einen eigenen Handlungsbogen. Anschauliche Szenen wurden in der Dramaturgie bevorzugt, Tonys gesamte Entwicklung wurde z. B. sehr ausführlich dargestellt, während Hannos schemenhaft blieb. Dialogsequenzen übernahm Pfeifer fast wörtlich.

Das Manuskript enthielt fast 80 Figuren, konzentrierte sich dabei aber im Wesentlichen auf die fünf Hauptpersonen: die Herren Johann, Jean, Thomas, Christian und als Hauptakteurin Tony Buddenbrook. Ein in Hexametern spre-

Die Darsteller der Aufführung. Standfoto, Basel, 1976

chender Chor der ›Lübecker Bürger‹ übernahm die Funktion des Erzählers, stand aber auch stellvertretend für das Großbürgertum der Zeit als Stimme des Volkes. Ein ›Lübecker Olymp‹ der verstorbenen Buddenbrooks thronte allgegenwärtig im Hintergrund.

In der Presse wurde die *Buddenbrooks*-Inszenierung ausgiebig rezensiert – die einen nannten sie einen »Augenschmaus« und eine grandiose Inszenierung, andere bezeichneten sie als »Buddenbrooks-Revue«. Eine detaillierte Schilderung des großen Spektakels ließ sich kaum einer nehmen. Auch wenn Längen und Spannungsabfälle beklagt wurden, waren sich doch die meisten Kritiker einig, einen ›imponierenden Theaterabend‹ erlebt zu haben. Allerdings suchten sie vergeblich nach einer Neuaussage des Stückes. Die Absicht, die Inhalte des Romans auf die Gegenwart zu übertragen, war nicht greifbar geworden. Hollmanns Intention, dem bürgerlichen Basel mit diesem Stück das erstarrte Lübeck der Buddenbrooks als Spiegel vorzuhalten, galt der Kritik als missglückt.

Für die darstellerischen Leistungen hingegen gab es viel Lob, wobei selten einzelne Schauspieler hervorgehoben wurden. Einzig die Verflachung der Cha-

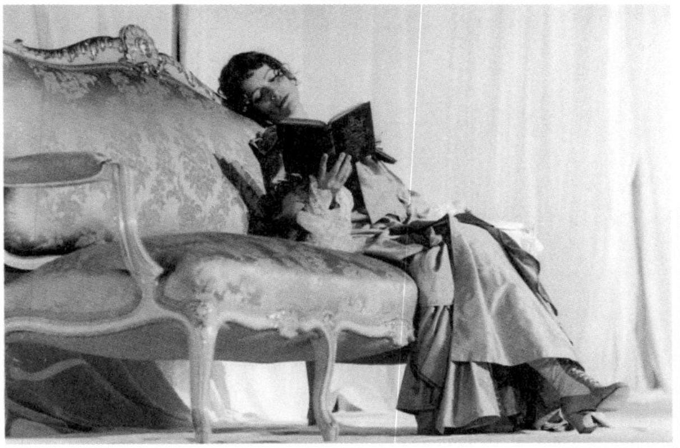

Tony Buddenbrook. Standfoto, Basel, 1976

Thomas und Hanno. Standfoto, Basel, 1976

raktere durch das Drehbuch kritisierten die Rezensenten: Thomas Manns ironische Figurenschilderungen seien zur Karikatur, die Buddenbrooks auf ihre Grundzüge reduziert worden. Die Stärke des Regisseurs wurde in den großen Szenen gesehen, wie z. B. dem anfänglichen Einweihungsessen, wo Hollmann durch eine ausgeklügelte Choreographie mit Menschenmassen und simultanen Einzelauftritten beeindruckte. Trotz der eher skeptischen Presseberichterstattung war diese Inszenierung ein Publikumserfolg: Es wurden 45 Aufführungen vor ausverkauftem Haus gegeben.

Der Drehbuchautor Tadeus Pfeifer betonte die Eigenständigkeit des Bühnenwerks, das sich nicht als eine Dramatisierung des Romans verstehe, sondern ihn lediglich als stofflichen Hintergrund verwende. Auch wenn Pfeifer darin keine Interpretation des Buches sah, ist die Baseler Inszenierung doch eine eigene Lesart des Romans. Die konkrete Anwendung der dem Roman innewohnenden Zeitkritik auf die Baseler Verhältnisse machte eine Übertragung auf andere Bühnen allerdings schwerlich möglich. Regisseur Hollmann äußerte in einem Interview 1999 dennoch die Hoffnung, »dass die kommenden Generationen Thomas Manns Roman neu entdecken und vielleicht irgendwann einmal wieder auf die Bühne bringen«.

Jean Buddenbrook (Hartmut Schories) und Tony (Katrin Wichmann). Standfoto, Hamburg, 2005

Hollmanns Vision wurde schon im Jahr 2005 Realität: Fast 30 Jahre nach der Baseler Inszenierung schrieb der Autor und Dramaturg John von Düffel ein Manuskript für eine neue Inszenierung von Thomas Manns Roman. Die Idee, *Buddenbrooks* wieder auf die Bühne zu bringen, stammte ursprünglich von dem Regisseur Stephan Kimmig. Er hatte sich schon bei seinen Ibsen-Inszenierungen *Nora* und *Hedda Gabler* mit den bürgerlichen Werten und Strukturen des 19. Jahrhunderts auseinandergesetzt. An *Buddenbrooks* interessierte Kimmig zusätzlich der Aspekt ökonomischen Denkens, durch den das Familienleben bestimmt wird.

Wie in Hollmans Baseler Aufführung nutzt auch von Düffel in seiner Bühnenbearbeitung *Buddenbrooks* als Spiegel für die Gegenwart – allerdings ist ›seine‹ Gegenwart keine in Konventionen und Traditionen erstarrte Gesellschaft, sondern eine, die mit Deklassierungs- und Abstiegsängsten ringt. Von Düffel findet die Mechanismen des Buddenbrookschen Verfalls im gesellschaftlichen Heute: Wirtschaftliche Verluste bedrohen das Familienwohl – wer materiell nicht mithalten kann, steigt gesellschaftlich ab.

John von Düffel, Autor von Familienromanen wie *Vom Wasser* und *Houwelandt*, arbeitete den Kernkonflikt – die fatale Verquickung von privaten und

Gerda (Leila Abdullah) und Thomas Buddenbrook (Norman Hacker). Standfoto, Hamburg, 2005

Thomas versucht Haltung zu bewahren. Standfoto, Hamburg, 2005

wirtschaftlichen Interessen – als Grundidee für sein Manuskript heraus. Zwei Jahre beschäftigte sich Düffel mit Thomas Mann, dann hatte er *Buddenbrooks* auf 75 Seiten verdichtet. Die Bühnenhandlung orientiert sich eng am Roman und dessen Figurenrede, John von Düffel betont, er habe »an Thomas Manns Sprache nichts geändert, [...] nur komprimiert«. Düffel war sich bewusst, dass der Fokus beim Wechsel von Roman zu Drama auf die Figuren übertragen werden musste – die Idee des Stückes kann nur durch die Darsteller vermittelt werden. So reduzierte sich auch das Bühnenbild von Katja Haß auf einen leeren Raum mit kaltem Licht. Eine gewellte Konstruktion, die einem auf den Kopf gestellten Bürgerhaus ähnelte, diente als Hintergrund und Dach. Die Spielfläche hing an vier Stahlseilen, bot keinen festen Untergrund, schwankte zuweilen. Auf dem Boden waren knöchelhohe Metallleisten angebracht – sie deuteten die Bewegungsräume an. Historisierende Kostüme oder Requisiten gab es nicht, die Darsteller trugen moderne Kleidung – nichts lenkte von der Konzentration auf die Figuren und das gesprochene Wort ab. Das Konzept der Inszenierung war in sich schlüssig, auch der Zuschauer ohne Romankenntnisse konnte der klar gestrafften Handlung folgen.

Thomas (Norman Hacker), Christian (Peter Jordan) und Tony (Katrin Wichmann).
Standfoto, Hamburg, 2005

Das Theaterstück beschränkt sich auf die Generation der Geschwister Tony, Thomas und Christian und zeigt ihre Versuche, ihre eigene Lebensplanung, die Familientradition und Kapitalvermehrung zu vereinbaren. Kimmig arbeitet in seiner Inszenierung heraus, wie die unreflektierte Übernahme von Traditionen und Strukturen zur Erstarrung führt: »Wir sind nicht lose, unabhängige und für sich bestehende Einzelwesen, sondern wie Glieder in einer Kette.« Individualität und Spontaneität werden, so demonstriert das Stück, der Herrschaft des Geldes zum Opfer gebracht. Die Figuren werden ihrer Lebenskraft beraubt, weil sie unbedingt alle in sie gesetzten Erwartungen erfüllen müssen und so die Grenzen zur Selbstverleugnung überschreiten. Da die Kraft zum Ausbruch aus dem Korsett der bürgerlichen Werte fehlt, ist die Familie dem Untergang geweiht.

Am 3. Dezember 2005 wurde John von Düffels *Buddenbrooks* am Hamburger Thalia-Theater uraufgeführt. Die Inszenierung dauerte drei Stunden. Obwohl die Kritik anfänglich sehr skeptisch war, wie ein 800-Seiten-Roman auf der Bühne präsentiert werden soll, äußerten sich die Rezensenten nach der Premiere wohlwollend. Die bundesweite Presse-Resonanz zeigte, wie viel Aufsehen das Wagnis, Thomas Mann auf die Bühne zu bringen, erregt hatte. Nach der Premiere waren sich alle einig, dass John von Düffel eine gelungene Romanadaption vor-

Thomas Buddenbrook (Norman Hacker). Standfoto, Hamburg, 2005

Schlussszene: Hanno und Thomas. Standfoto, Hamburg, 2005

gelegt hatte, indem er das Konfliktpotenzial, das in den Strukturen der Familie Buddenbrook angelegt ist, extrahierte. Das geschickte Roman-Konzentrat legte Handlungsstränge bloß, die das Feuilleton an die psychologisierenden Dramen von Ibsen und Strindberg erinnerten. Anerkennung erhielt die einheitliche Sprache von Text, Regie und Bühnenbild, die Reduktion auf das Wesentliche, die man als hanseatisches Understatement verstand. Stephan Kimmigs kühl-analytische Inszenierung wirkte einigen Rezensenten zu statisch, die Darsteller, so wurde häufig verglichen, würden Schachfiguren ähneln. Die Konzentration auf die drei Geschwister und deren Untergang im zweiten Teil belebe die Figuren erst. Insgesamt war das Stück für viele Kritiker jedoch »großes Sprech- und Darstellertheater«, einhelliges Lob gab es für die Schauspielleistung der Hauptdarsteller. Der Bezug zur Gegenwart stellte nach wie vor für einige Kritiker das größte Problem dar. Ein Rezensent glaubte, dass man mit *Buddenbrooks* der Kaufmannstadt Hamburg den Spiegel vorhalten wolle, einer erkannte den Bezug zum Hier und Jetzt in der vor allem in der Schlussszene dargestellten Einsamkeit: »Man ist so

Werbeflyer für die Dortmunder *Buddenbrooks*-Aufführung

fürchterlich allein.« Auf jeden Fall erlebe der Zuschauer laut *Der Spiegel* den »intensivsten Mann aller Zeiten«. Die *Süddeutsche Zeitung* brachte das Thema des Theaterstückes mit einem Wort auf den Punkt: »Buddenbroker«.

John von Düffels Lesart exponiert die zeitlose Modernität von *Buddenbrooks* und der im Roman behandelten Themen. Der Erfolg der Hamburger Aufführung ermutigte weitere Theater in Deutschland, eigene Inszenierungen von *Buddenbrooks* in ihr Programm zu nehmen. Die erste Variante von Düffels Urfassung präsentierte die Schauburg, das Kinder- und Jugendtheater der Stadt München. Am 14. April 2007 zeigte der Regisseur Beat Fäh seine zweistündige Version für ein jugendliches Publikum. Es folgten im nächsten Monat fast gleichzeitig die Premieren im Schauspielhaus in Düsseldorf unter der Regie von Michael Talke (12. Mai 2007) und im Schauspiel Dortmund unter der Regie von Hermann Schmidt-Rahmer (13. Mai 2007). Beide Inszenierungen bekamen gute Kritiken. Weitere Aufführungen gab es am Schauspielhaus Magdeburg (1. Dezember 2007) und am Staatstheater Dresden (16. Februar 2008).

Am 29. September 2007 folgte die »Heimkehr« der *Buddenbrooks*: John von Düffels Schauspielfassung wurde im Theater Lübeck gezeigt. Zur dreistündigen Inszenierung von Pit Holzwart bemerkte der bei der Premiere anwesende Dramaturg: »Es scheint, als hätte diesmal Christian Buddenbrook Regie geführt.« Durch eine eigens komponierte Musik und den Einsatz eines Männerchores bekam die Lübecker Fassung eine fast opernhafte Dimension. Die Überraschungen, die manchem Kritiker in Hamburg gefehlt hatten, erlebte man nun in Lübeck:

Die Buddenbrooks im Lübecker Theater: v. l. Thomas (Andreas Hutzel), Konsulin (Maria von Bismarck), Tony (Anne Schramm), Christian (Will Workman) und der Konsul (Renato Grünig).

Tony (Anne Schramm) läuft sich frei. Standfoto, Lübeck, 2007

Der sehr slapstickhaft dargestellte Grünlich erschießt sich, das Blumenmädchen Anna erscheint als Untote aus der Versenkung – doch unter der Maske steckt Christian. Die drei Geschwister rennen pausenlos über die arena-artige Bühne – die Jugend strampelt sich ab und entkommt trotzdem nicht ihrem Schicksal. Eine solche Symbolik war das Markenzeichen dieser Inszenierung. Leitmotive wie das Familienbuch finden Eingang in das Drama – der Lübecker Regisseur kehrt wieder etwas mehr zum Roman zurück.

Düffels Bearbeitung von *Buddenbrooks* wird vom deutschen Publikum angenommen: Von Nord nach Süd, von Ost nach West spielen die Theater das Stück und beweisen damit die Aktualität der Thematik von der fatalen Verkettung familiärer Verhältnisse mit den ökonomischen Umständen.

## Buddenbrooks Enkel

Die Popularität des Theaterstücks *Buddenbrooks* dokumentiert das breite Interesse der Gesellschaft an dem Thema ›Familie‹. Aber nicht nur auf der Bühne, auch im Fernsehen und in der Literatur zeigte sich in den letzten Jahren eine verstärkte Rückkehr zu Familiengeschichten. In einer Gesellschaft, in der jeder nach

Katia Mann 1919 mit ihren Kindern (v. l.) Monika, Golo, Michael, Klaus, Elisabeth und Erika

seinem eigenen, persönlichen Glück strebt und traditionelle Familienmodelle überholt zu sein scheinen, sind Familienerzählungen im traditionellen Stil wieder populär. Im Zeitalter von Patchwork-Familien, mütterlichen Kleinhaushalten und Lebensabschnittsgefährten gibt es eine Sehnsucht nach den Traditionen einer Familie. Ersatz wird in Geschichten gesucht, welche die Entwicklung und den Zusammenhalt von Familien, auch oder gerade in schweren Zeiten, aufzeigen. Lebensentwürfe, die man einfach übernehmen und weiterleben kann, stehen heute nicht mehr bereit, jeder muss das für sein individuelles Leben passende Modell finden. So stand auch Thomas Mann nach dem Tod des Vaters, dem Beenden der Schule und dem Verlassen der Heimatstadt vor der Frage, wie es weitergehen soll im Leben. Er ging den Weg, bei seiner Suche nach sich selbst zunächst seine Familiengeschichte aufzuarbeiten und niederzuschreiben. Indem er seine Vergangenheit verarbeitete, bereitete er zugleich seine Zukunft vor. In seinem Roman schrieb er sich viele große und kleine Lebenskonflikte von der Seele. Nach dem Erfolg des Buches ist der Autor erstaunt: »Man gibt das Persönlichste und ist überrascht, das Nationale getroffen zu haben. Man gibt das Nationalste – und siehe, man hat das Allgemeine und Menschliche getroffen.«

Thomas Mann mit seinem Enkel Frido 1945 in Pacific Palisades/Kalifornien

Thomas Manns Kunst besteht darin, persönliche Probleme derart zu verfremden und zu stilisieren, dass sich jeder darin wiederfinden kann.

Hundert Jahre nach Erscheinen von *Buddenbrooks* feiern Familiengeschichten ein Comeback. Autoren – und gerade auch deutschsprachige – kehren zurück zum traditionellen Erzählen. Familiengeschichten sind ein dankbares Genre: Alle Leser haben Eltern und Großeltern, Autoren müssen gewisse Konstellationen nicht lang und breit erklären – allein das Wort ›Schwiegermutter‹ spricht schon Bände. Man sollte meinen, dass der Familienroman seine Bedeutung in demselben Maße verloren hat wie die bürgerliche Familie ihre staats- und gesellschaftstragende Funktion, aber es ist genau umgekehrt: Die Menschen suchen nach Identifikationsmöglichkeiten und finden sie in dem von Haus aus vertrauten Sujet der Familie. Es sollen hier einige Publikationen der letzten Jahre zum Genre Familienroman vorgestellt werden, die besonders lesenswert sind. Wie bei den Filmrezensionen zu *Buddenbrooks*, so schwebte auch bei etlichen Rezensionen dieser Bücher Thomas Mann als Vergleichsfolie im Hintergrund.

Jonathan Franzen: Die Korrekturen, 2001

Familiengeschichten heute, erzählt wie gestern – so machte es Jonathan Franzen in seinem 2001 erschienenen Roman *Die Korrekturen*. Die Rezensenten, die das Werk als amerikanisches Pendant zu *Buddenbrooks* begriffen, entdeckten erstaunliche Parallelen zu Thomas Manns Roman: Beides sind umfangreiche Romane, die mit tiefem Ernst und ungewöhnlicher Reife den tragikomischen Verfall einer Familie schildern. Die Darstellung ihrer Charaktere ist so überzeugend, dass rasch die Frage nach ihren realen Vorbildern aufkam. In beiden Fällen entstanden Romane, die mit jeweils zeitgenössischen Mitteln die großen Themen – Liebe, Krankheit, Tod und finanzieller Ruin – behandelte, die ihre Leser unterhalten, aber auch fordern sollten. In ironisch-distanzierter Erzählweise beschreibt Jonathan Franzen das komplexe Beziehungsgeflecht der Familie Lambert und das verzweifelte Bemühen der drei Kinder, die Lebensentwürfe ihrer Eltern zu »korrigieren«. Es werden die Lebensgeschichten der einzelnen Familienmitglieder, aber auch die Prägung durch das Elternhaus erzählt. Die Lebensläufe werden immer wieder in einen geschichtlichen Kontext eingebettet. Die individuellen Konflikte und Krisen, die die Protagonisten durchleben und durchleiden, verdichten sich zu einem Porträt der amerikanischen Gesellschaft in den 1990er Jahren. Von der (fiktiven) Heimat St. Jude im Mittleren Westen

Die Familie Mann im Urlaub 1924 auf Hiddensee: (v. l.) Katia, Monika, Michael, Elisabeth, Thomas, Klaus und Erika

bis hin nach Litauen spielt die Handlung vor dem Hintergrund rasant zunehmender Entwicklung der Informationstechnologie, von Börsenboom und New Economy. Der Ausgangspunkt, zu dem letztendlich zurückgekehrt wird, ist das Elternhaus. An den einzelnen Personen werden Wahrheiten über Abhängigkeiten sichtbar, beispielhaft aufgezeigt an dem Leitmotiv der Aslan-Pillen, einer Tablette zwischen Medikament und Droge, die das Schicksal dreier Familienmitglieder maßgeblich beeinflusst. Das Streben der Lambert-Kinder geht dahin, nicht so zu leben wie ihre Eltern. Bei den Buddenbrooks dagegen richtet sich alles daraufhin aus, die Lebenstradition der Eltern weiterzuführen. Vielleicht hätten Korrekturen der Familie geholfen weiter zu bestehen. Thomas Mann schildert den Untergang einer Familie, die von ihren Strukturen, ihren Traditionen nicht loskommen will. Jonathan Franzen betreibt die Sezierung einer Familie. Untergehen wird am Ende nur das Familienoberhaupt: Der Patriarch, der die Lebensläufe der Familienmitglieder durch seine herrische Art mitbestimmt hat, entkommt Reflexion und Kritik durch eine Demenzerkrankung.

Eine mächtige Vatergestalt, deren Unfähigkeit zu Emotionen und Kommunikation für die folgenden Generationen massive Konsequenzen hat, ist die Basisfigur in vielen Familienromanen, so auch bei John von Düffels *Houwelandt*.

John von Düffel: Houwelandt, 2004

Bei Jonathan Franzen möchte die Mutter aufgrund der Krankheit des Vaters noch einmal ein gemeinsames Weihnachtsfest feiern, bei von Düffel organisiert die Mutter den 80. Geburtstag des Patriarchen. Große Familienfeiern bergen schon in der Vorbereitungsphase Konfliktpotenzial in sich, vor allem, wenn Verdrängung und Kommunikationslosigkeit wie Gene weitergegeben wurden. Während der Planung für die Feier in *Houwelandt* werden die Generationen mit ihren Lebenssituationen vorgestellt und die jeweiligen Konflikte offengelegt: der Großvater Jorge ist ein eigenbrötlerischer Haustyrann, der Sohn Thomas ein lethargischer Alt-68er und der Enkel Christian ein Skeptiker auf der Suche nach Bestätigung. Ihre Geschichten werden alternierend erzählt, in Rückblicken wird die Entfremdung voneinander deutlich. Das Haus der Eltern spielt auch hier eine wichtige Rolle. Wie in *Buddenbrooks* kann man diesem Ort eine symbolische Funktion zuordnen, die über den Begriff des Heims hinausgeht. Bei John von Düffel ist das Haus bzw. das Anwesen der Eltern schon zu Beginn des Romans verlassen und verfallen, setzt also dort an, wo *Buddenbrooks* endet: Die Familie ist in alle Winde zerstreut und zudem noch zerstritten. Und hier findet sich der

Die Familie Pringsheim beim Tee. Im Hintergrund halb stehend: Katia

Unterschied zu Thomas Mann: Bei *Houwelandt* ist der Verfall vollzogen, nun geht es darum, dass sich die Generationen wieder annähern und erkennen, dass das Verstehen oder zumindest das Akzeptieren der anderen Familienmitglieder wichtiger ist als Fragen nach Schuld. Ähnlich wie Franzen – wenn auch auf weniger Seiten – entfaltet von Düffel seine Charaktere, zeigt ihre Entwicklung, ihr Denken und ihr Fühlen und ihre Positionen innerhalb der Familie.

Die Zeitgeschichte dient häufig als Hintergrund für die individuelle Familiengeschichte, im Mikrokosmos Familie kann abgebildet werden, was in der Gesellschaft und der Welt außen geschieht und welche Auswirkungen es auf das ganz persönliche Schicksal Einzelner hat. Dabei stehen die Familienmitglieder repräsentativ für ihre Generation, und in der Abfolge der Generationen wird der Wandel der Zeit aufgezeigt. In Arno Geigers Roman *Es geht uns gut* wird anhand von drei Generationen österreichische Geschichte rekapituliert. Geiger blendet von der Erzählgegenwart in die Vergangenheit und beschränkt sich hierbei auf neun einzelne Tage, um ein halbes Jahrhundert darzustellen, ein Tag oder ein Ereignis dienen dem Autor dazu, ein Jahrzehnt zu beschreiben. Dabei schafft

Arno Geiger: Es geht uns gut, 2005

er erstaunlich detaillierte, tiefe Aufnahmen, die nicht isoliert bleiben, sondern die gesamte Familiengeschichte sichtbar machen. Der Autor erzählt Geschichte nicht mittels Daten und historischer Ereignisse, sondern anhand des Alltags der Familienmitglieder und der individuellen Irrungen und Wirrungen, die für jede Generation charakteristisch sind. Und so gesehen stehen der in der Nachkriegszeit als Minister mit den Russen verhandelnde Großvater, seine Tochter, die Ärztin Ingrid, und der ›Taugenichts‹ Philipp als prägnante Beispiele für den Wandel der Zeit. Philipp wird schließlich die gesamte Familiengeschichte in Form von verrottenden Briefen und Dokumenten vom Dachboden entsorgen lassen, weil gerade er, der Familienverweigerer, das Haus der Großmutter geerbt hat und mit seiner eigenen Geschichte so gar nichts anzufangen weiß. Es sind keine aufregenden Geschichten, die Arno Geiger erzählt, sondern die kleinen Tragödien, die das Leben mit sich bringt. Wie in *Buddenbrooks* geht es in der ersten Generation darum, sich durch einen ehrbaren Beruf in der Gesellschaft zu etablieren, die zweite Generation muss alle Kräfte anstrengen, um mitzuhalten, und die dritte Generation verliert die Lust an der Familie und am Leben. Geiger zeichnet seine Figuren mit Distanz und Genauigkeit und belässt bewusst Leerstellen. Mit

Julia Mann mit ihren Kindern Carla, Heinrich und Thomas, um 1880

wenig Material skizziert er eine Familiensaga, die zugleich ein österreichischer Zeit- und Gesellschaftsroman, ein Familienroman über drei Generationen hinweg und ein Bildungsroman hinsichtlich des Enkels Philipp ist.

Und die Frauen in diesen Geschichten? Sie sind vor allem Betroffene, Leidtragende ihrer in jeder Hinsicht unbefriedigenden, entscheidungsunfähigen und ignoranten Männer und Opfer ihrer aus patriarchalischen Gesellschaftsstrukturen ererbten Rollenzwänge. Sie halten die Familien zusammen, sie stiften Identität, und sie hinterfragen die Vergangenheit.

Einen Familienroman aus der Perspektive einer Frau hat Feridun Zaimoglu mit *Leyla* geschrieben. Die Folgen der weltweiten Migration hinterlassen ihre Spuren. Der Ausgangspunkt eines Familienromans ist häufig die Suche nach den eigenen Wurzeln, ganz wie bei Thomas Mann: Um die eigene Position im Hier und Jetzt zu finden, blickt man in die Vergangenheit, greift auf Familienerinnerungen zurück. Zaimoglu ist für seinen Roman in eine Welt zurückge-

Feridun Zaimoglu: Leyla, 2006

gangen, ähnlich jener, die seine Eltern verließen, als sie in den sechziger Jahren nach Deutschland kamen. Er erzählt die Vorgeschichte der ersten Generation der türkischen Zuwanderer und damit auch die Geschichte seiner eigenen Herkunft, die in einer ostanatolischen Kleinstadt beginnt, sich dann in Istanbul fortsetzt, um mit dem letzten Blatt auf einem deutschen Bahnhof zu enden. Zaimoglu gelingt es meisterhaft, in die Haut des Mädchens Leyla zu schlüpfen und uns mit ihr die despotische Macht der Männer in den traditionellen türkischen Familienstrukturen miterleben und -erleiden zu lassen. Mehr noch als in den anderen genannten Büchern sind hier die Männer die Herrscher. Aber der gesellschaftliche Wandel lässt ihre Macht schwinden, das Resultat ist zunehmende Gewalt. Die poetische Sprache des Autors übertüncht häufig grausame Wahrheiten, der Leser ahnt viel mehr davon als die naive Leyla. Aber gerade ihre Naivität lässt sie im Kampf zwischen Familiensolidarität und Religion sowie der Sehnsucht nach persönlicher Freiheit und Glück nicht aufgeben. Und in diesem Punkt ist Leyla eine Schwester von Tony Buddenbrook. Im Rahmen eines fremdbestimmten Lebens erarbeiten sich die Frauen kleine Freiheiten und Nischen zum Glücklichsein. Sie sind bereit, sich Veränderungen auszusetzen

Elisabeth Haag, gesch. Grünlich, geb. Haag mit ihren Kindern Alice und Henry aus der 2. Ehe, um 1875

und gehen aus den Rückschlägen gestärkt hervor. Zaimoglu zeichnet auf diesem Wege ein eindringliches und bedrückendes Bild der türkischen Gesellschaft der 50er und 60er Jahre, die auf dem Weg in die Moderne einen schmerzhaften Wandel erlebt. Einige wie Leylas Vater bleiben dabei auf der Strecke, Mutigere wie Leyla nehmen die Herausforderung an und wagen sogar den Sprung in eine andere, fremde Gesellschaft. Die Gefahr, dass Traditionspflege zur Stagnation führt, wird auch in *Buddenbrooks* geschildert. Mit dem wirtschaftlichen Wandel geht der gesellschaftliche einher, den Weg in die Moderne müssen die Buddenbrooks den Hagenströms überlassen.

Es ist schon erstaunlich, dass ein so betagter Roman wie *Buddenbrooks* auch heute noch Maßstab für Vergleiche ist. Der Roman ist 1901 erschienen, aber viele dort beschriebene Konflikte und Probleme sind so zeitlos, dass es mühelos gelingt, Kernthemen aus dem Roman herauszufiltrieren, die in die heutige Zeit passen. Aber bei der Wiederaufnahme geht es nicht nur um das Was, sondern auch um das Wie. Das traditionelle Erzählen findet wieder Anerkennung oder, wie Marcel Reich-Ranicki es beschreibt: »Man will nicht mehr experimentieren, sondern Erlebtes und Erfahrenes ausdrücken.« Die Generation der heuti-

Szenenfoto aus der TV-Serie *Six feet under*

gen Autoren von Familienromanen orientiert sich an Thomas Mann als Vorbild. Dieser hatte wiederum bei der Konzeption seines Werkes skandinavische Familienromane als Vorlage für strukturelle und inhaltliche Überlegungen genutzt. Die Familiengeschichten von Alexander Kielland, Jonas Lie und Knut Hamsun lieferten wesentliche Vorlagen und Vorbilder für seine Gestaltung.

Dass Rezensionen von Familienromanen auf *Buddenbrooks* verweisen, scheint zur Normalität geworden. Ungewöhnlich ist es, wenn auch eine amerikanische Serienproduktion durch einen Vergleich mit Thomas Manns Roman geadelt wird. Die amerikanische Fernsehserie *Six feet under*, die von 2001 bis 2005 im amerikanischen und von 2004 bis 2007 im deutschen Fernsehen gezeigt wurde, erzählt die Geschichte einer Familie, die lernen muss, nach dem Tod des Familienoberhauptes zusammenzufinden, um das Bestattungsunternehmen weiterzuführen. Mit tiefschwarzem Humor wird die Entwicklung der einzelnen Familienmitglieder dokumentiert. Bei Thomas Mann zerfällt die Familie, hier wird sie wiederhergestellt. Ähnlich wie in *Buddenbrooks* müssen auch die Charaktere der Serie lernen, emotional erwachsen zu werden.

Dass *Buddenbrooks* nicht nur das Potenzial zu einem Fernseh-Mehrteiler hat, sondern sogar als Vorlage für eine Soap-Opera dienen könnte, hat Dorothea Diekmann 2001 in einem satirischen Entwurf für eine Vorabendserie namens »Mengstraße« gezeigt. Die Fülle von Themen – Business, Politik, Romantik, Erotik, Lifestyle –, die im Roman aufscheinen, lassen sich leicht in zeitgenössische Verhältnisse transformieren. Serien wie *Die Hagenbecks* haben die Geschichte einer hanseatischen Bürgerfamilie schon erfolgreich erzählt.

Die Familie Mann 1925 in München: (v. l.) Maria (Mimi) Mann, Alfred Pringsheim, Thoma Mann, Golo, Erika, Monika, Katia, Heinrich, Klaus

In Familiengeschichten kann jeder etwas für sich entdecken, denn jede Familie ist nicht zuletzt ein Beisammensein von unterschiedlichen Generationen. In heutigen Romanen und Fernseh-Serien wird eine Bandbreite an Familienmodellen mit gewöhnlichen Problemen, aber auch einem Fundus an Identifikationsmöglichkeiten vorgeführt. Gleichzeitig wird aufgezeigt, dass das ganz normale Leben im Alltag spannend sein kann. Und dass der Blick in die eigene Familiengeschichte Erlebnisse hervorbringen kann, die eines Romans wert wären.

# Literatur


## Allgemein

Große Kommentierte Frankfurter Ausgabe der Werke Thomas Manns (= GKFA):
Thomas Mann: Buddenbrooks. Frankfurt 2001
Thomas Mann: Doktor Faustus. Frankfurt 2007
Thomas Mann: Briefe I 1889–1913. Frankfurt 2001
Thomas Mann: Essays I 1893–1914. Frankfurt 2001
Thomas Mann: Frühe Erzählungen 1893–1912. Frankfurt 2004

Thomas Mann: Die Bekenntnisse des Hochstaplers Felix Krull. Frankfurt 2005
Thomas Mann: Joseph und seine Brüder. Frankfurt 2007
Thomas Mann: Deutsche Hörer. Radiosendungen nach Deutschland aus den Jahren 1940 bis 1945. Frankfurt 2004

Manfred Eickhölter / Hans Wißkirchen (Hg.): Buddenbrooks – Neue Blicke in ein altes Buch. Lübeck 2000
Manfred Eickhölter / Britta Dittmann: Allen zu gefallen – ist unmöglich. Thomas Mann und Lübeck, 1875–2000. Eine Chronik. Lübeck 2001
Peter de Mendelssohn: Der Zauberer. Das Leben des deutschen Schriftstellers Thomas Mann. Frankfurt 1975

## 1. Kapitel

Thomas Mann: Brief an Adolf Havlik vom 29.9.1949. In: Die Briefe Thomas Manns. Regesten und Register. Band III: Briefe von 1944–1950. Reg. 49/474. Frankfurt 1982
Rainer Maria Rilke: Thomas Manns »Buddenbrooks«. In: Bremer Tageblatt und Generalanzeiger, Jg. 6, Nr. 88, 16. April 1902
Samuel Lublinski: Thomas Mann. Die Buddenbrooks. In: Berliner Tageblatt, Jg. 31, Nr. 466, 13. September 1902
Kurt Tucholsky: Unser ungelebtes Leben. Briefe an Mary. Hamburg 1990, S. 109. Zitiert nach: Thomas Mann Chronik, Hg. von Gert Heine und Paul Schommer. Frankfurt 2004, S. 2004

## 2. Kapitel

Gerhard Ahrens: Lübeckische Geschichte, 6. Teil: Von der Franzosenzeit bis zum Ersten Weltkrieg 1806–1914. Anpassungen an Forderungen der neuen Zeit. Lübeck 1988, S. 529–676
Thorsten Albrecht: Travemünde. Vom Fischerort zum See- und Kurbad. Chronik. Lübeck 2005
Ahasver von Brandt: Geist und Politik in der Lübeckischen Geschichte – acht Kapitel von den Grundlagen historischer Größe. Lübeck 1954

Michael Brix: Nürnberg und Lübeck im 19. Jahrhundert. Denkmalpflege. Stadtbildpflege. Stadtumbau. München 1981
Manfred Eickhölter: *Denn wull wi noch een.* – Ein Lübecker Sprachgewächs? Thomas Manns Quellen für die Revolutionsanekdote in *Buddenbrooks.* In: Zeitschrift für Lübeckische Geschichte und Altertumskunde, 82/2002, S. 349–360
Max Hasse: Denkmalpflege in Lübeck. Das 19. Jahrhundert. Lübeck 1975
Ders.: Goethe in der *Grünen Stube.* Klassikerlektüre in Lübeck in der ersten Hälfte des 19. Jahrhunderts. In: Der Wagen. Lübecker Beiträge zur Kultur und Gesellschaft. Lübeck, 2002, S. 53–79.
Gustav Lindke (Hg.): Lübeck. Ansichten aus alter Zeit. Honnef 1959
Gustav Lindtke: Die Stadt der Buddenbrooks. Lübecker Bürgerkultur im 19. Jahrhundert. Lübeck 1981[2]
Wulf Schadendorf (Hg.): Lübeck zur Zeit der Buddenbrooks. Lübeck 1975
Ders. (Hg.): Kunst und Kultur Lübecks im 19. Jahrhundert. Lübeck 1981

## 3. Kapitel

Karsten Blöcker: Tatort Königstraße 5, Die Sache mit Biermann – ein Wirtschaftskrimi oder Tony Buddenbrooks dritte Ehe. In: Der Wagen. Lübecker Beiträge zur Kultur und Gesellschaft. Lübeck 2006, S. 7–26
Alken Bruhns: Jahrhundertwende im Weltwinkel. In: Thomas Mann Jahrbuch, 9/1996, S. 73–89
Hartwig Dräger: Buddenbrooks. Dichtung und Wirklichkeit. Bilddokumente. Lübeck 1993
Manfred Eickhölter: Eugénie oder Die Bürgerzeit: Ein Lübeckroman als modernes Märchen? Heinrich Mann besichtigt die Herkunft. In: Das Gedächtnis der Hansestadt Lübeck, herausgegeben von Rolf Hammel-Kiesow und Michael Hundt. Lübeck 2005, S. 231–244.
Otto Grautoff: Lübeck. Leipzig 1909 (Stätten der Kultur, Band 9)
Antjekathrin Grassman: Hoher und höchster Besuch in Lübeck. Bemerkungen zum Aufenthalt König Wilhelms I. von Preußen 1868 und Kaiser Wilhelms II. 1891 an der Trave. In: Der Wagen. Lübecker Beiträge zur Kultur und Gesellschaft. Lübeck 2002, S. 111–125
Felix Neumann: Mit Thomas Mann auf der Schulbank. In: Rheinische Illustrierte, 6. 6. 1949

## 4. Kapitel

Fünf Jahre Heinrich-und-Thomas-Mann-Zentrum im Buddenbrookhaus: 1993–1998. Stationen – Ereignisse – Dokumente. Lübeck 1998
Britta Dittmann / Hans Wißkirchen: Das Buddenbrookhaus. Lübeck 2008
Björn R. Kommer: Das Buddenbrookhaus in Lübeck. Geschichte, Bewohner, Bedeutung. Lübeck 1993
Wißkirchen, Hans (Hg.): Dichter und ihre Häuser. Die Zukunft der Vergangenheit. Lübeck 2000
Wißkirchen, Hans: Spaziergänge durch das Lübeck von Heinrich und Thomas Mann. Zürich-Hamburg 2003[3]

## 5. Kapitel

Die Buddenbrooks-Edition. Mit den Verfilmungen von 1959 und 1978. Kinowelt Home Entertainment 2007
Dorothea Diekmann: Eine schrecklich nette Familie. Vorschlag für eine TV-Vorabendserie. In: Neue Rundschau, Heft 3 2001, S. 100–109

John von Düffel: Houwelandt. Köln 2004
Manfred Eickhölter: Die Buddenbrooks – Illustrationen von Paul Rosié. Lübeck 2002
Jonathan Franzen: Die Korrekturen. Reinbek 2001
Arno Geiger: Es geht uns gut. München-Wien 2005
Ortrud Gutjahr (Hg.): Buddenbrooks. Von und nach Thomas Mann. Generation und Geld in John von Düffels Bühnenfassung und Stephan Kimmigs Inszenierung am Thalia-Theater Hamburg. Würzburg 2006
Isabel Kreitz: Die Buddenbrooks. In: ZEITmagazin, Hamburg, Nr. 43/1997
Isabel Kreitz: Buddenbrooks. In: 100 Meisterwerke der Weltliteratur. Moga Mobo Nr. 86. Bostel Produktion, Berlin 2001
Feridun Zaimoglu: Leyla. Köln 2006
Peter Zander: Thomas Mann im Kino. Berlin 2005

# Bildnachweis

Der Herausgeber und der S. Fischer Verlag danken allen Rechteinhabern für die Abdruckgenehmigung:

Museum für Kunst und Kulturgeschichte, Lübeck: 19, 20, 29, 41, 51, 61–102, 108–113, 123–125 (l.), 127–133, 134 (l., M.), 136–137, 140–143, 146, 158 (r.), 162 (l.), 163, 176
Keystone/Thomas-Mann-Archiv: 16, 24, 28, 43 (r.), 44, 47, 53 (r.), 150, 151 (l.), 239, 241, 243
Deutsche Kinemathek: 36, 177, 178 (r.), 181 (l.), 182 (l.), 207–210
Kulturarchiv an der FH Hannover: 33, 34, 38, 179, 180 (r.), 181 (r.), 183, 211–215, 220 (l.)
Kurt Bethke: 33, 216–219, 220 (r.)
© Isabel Kreitz 1997, 2000: 202–203, 205
Monacensia. Literaturarchiv und Bibliothek München: 238, 249
Akademie der Künste, Berlin / Heinrich–Mann–Archiv: 15, 27, 39
Bavaria Film GmbH – Colonia Media GmbH – Pirol Film Production GmbH / Stefan Falk: 221, 222
Theater Basel: 228–231
Katrin Ribbe: 232–235
Volksbank Lübeck: 160 (l.), 161 (l.)
Oskar Laske: 25
Süddeutsche Zeitung Photo: 45
Privatbesitz (Fotografin: Angelika Weidling): 46
Ullstein Bild: 55
© Thomas M. Jauk: 237
Theater Dortmund: 236
Royal Air Force: 158

und dem Buddenbrookhaus, Lübeck, aus dessen Archiv die restlichen Abbildungen stammen.

Da in einigen Fällen die Inhaber der Rechte nicht festzustellen oder erreichbar waren, verpflichtet sich der Verlag, rechtmäßige Ansprüche nach den üblichen Honorarsätzen zu vergüten.